극동방송 성경공부 교재

요한계시록

Bible Study

저자 김형종 박사(Th. D.)

김형종 박사는 코헨대학교에서 박사과정을 책임지고 있다. 저자는 총신대학신학대학원을 졸업하고 유학하여 칼빈대학교에서 신학 석사(Th. M.) 과정을 공부하고, 리폼드신학대학교에서 박사과정(D. Min.) 과정을 마치고, 코헨대학교에서 박사(Th. D.) 과정에서 주경 신학으로 신학박사 학위를 받았다. 현재 전 세계에 다니며 목회자나 선교사들에게 박사과정에서 히브리 문장 구조의 원리를 가지고 신구약 성경을 가르치는 교수로 사역하고 있다. 저서로는 「코리안 디아스포라(기독신문사)」, 「바울의 13가지 설교 원리」(처음), 「핵심 멤버가 죽어야 교회가 산다」, 「유대인 천재 교육 프로젝트」(누가), 「읽기만 해도 열리는 요한계시록」(솔로몬) 등이 있다.

극동방송 성경공부 교재

요한계시록 Bible Study

2009년 11월 5일 초판 1쇄 인쇄
2009년 11월 10일 초판 1쇄 발행

지은이 김형종
펴낸이 박영호
펴낸곳 도서출판 솔로몬

북디자인 참디자인(02-3216-1085)

등록번호 제 16-24호
등록일 1990년 7월 31일

주소 : 서울시 동작구 사당3동 207-3 신주빌딩 1층
TEL : 599-1482 FAX : 592-2104
직영서점 : 596-5225

ISBN : 978-89-8255-447-6 (03230)

극동방송 성경공부 교재

읽기만 해도 열리는
요한계시록
Bible Study

김형종 지음

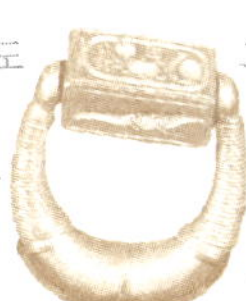

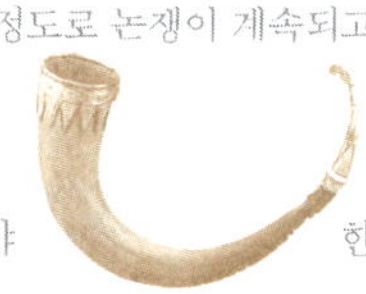

계시록은 사도 요한이 과거에 본 환상과 현재에 있는 일과 장차 될 일이 순서적으로 기록된 것이 아니라 혼합되어 있
1것이 계시록을 어려운 책으로 만들고 말았다. 하지만 우리가 계시록에서 히브리 문장 구조의 시간 축과 공간축의 초월성
해한다면 이 문제도 그렇게 어려운 일은 아니다. 많은 학자들이 말하고 있는 것처럼 1장은 요한이 과거에 본 사건이고,
은 일곱 교회의 현재의 사건이고, 4~22장은 미래의 사건을 예언하는 장차 될 일이라고 순차적인 단순한 사고로 보
문에 지금까지의 혼란과 더불어 이단들의 전유물이 되었을 정도로 논쟁이 계속되고 있는 것이다. 단순히 계시록은
적인 기록이 아니라 과거와 현재와 미래의 사건과 환상들이 뒤섞여 기록되어 있는 예언서이다. 그러므로 우
계시록을 접근할 때 시간의 초월과 공간적 초월을 염두에 두고 읽고 이해해야 한다. 어떤 때는 하나님의 일방적
장으로 기록하기도 하고 어떤 본문은 인간 이해의 바탕을 깔고 기록하고 있다는 것이다. 만약 당신이 히브리 문장 구조의 키아즘
sm)을 잘 알기 원한다면 필자가 쓴 "읽기만 해도 열리는 요한계시록"을 참고하면 많은 도움을 얻을 것이다. 여기서 주님은 우리에
한계시록이 어떤 책인지를 구체적으로 알려주고 있다. 본문은 최초로 사도 요한이 본 것이 지금까지는 비
었지만 이제부터는 더 이상 비밀이 아니라 세상의 모든 사람들에게 공개한다는 선언의 자리이다. 앞으로 계시록의 모든
은 이런 원리로 기록한다는 약속이다. 주님이 계시록의 미래의 사건을 예언된 비밀들을 설교라는 형식으로 다 설명해 주
지 형태의 글로 표현한다는 사실이다. 따라서 계시록에서는 예언된 상징들이 비밀이 아니라 모든 사람들 개된 말씀이다.

솔로몬

극동방송 성경공부 교재를 펴내면서 드리는 감사의 글

요한계시록하면 누구든지 어려운 책이라고 알고 있다.

그리고 함부로 해석하거나 설교하면 안 된다고 알고 있다.

그래서 개신교의 대부분의 교회는 해석하는 것을 포기하고 말았다. 이로 인해 개신교는 많은 부분에서 혼란하고 무질서한 종말적 사고를 가지게 되었다. 그러나 이단들은 자신들만이 해석할 수 있는 책이라고 잘못 열었다.

그렇게 세월은 흘러 계시록이 이단들의 전유물처럼 되고 말았다. 그리고 이단들이 잘못 해석해서 광적인 종말론적 사고로 전락되고 말았다. 하지만 이제 계시록으로 인한 모든 문제들을 이 책으로 해결하고자 한다.

계시록은 이미 장래의 일들이 구체적으로 해석되어진 하나님의 마지막 시대의 설교이다. 그러므로 계시록은 저자의 책의 제목대로 "읽기만 해도 열리는 요한계시록" 이다.

저자는 이번 극동방송 청취자와 함께하는 계시록 성경공부 교재와 방송을 통해서 어떻게 읽을 것인가를 구체적으로 가르칠 것이다.

저자는 요한계시록이 너무 쉽다고 강의하고 설명할 것이다.

저자는 이 성경공부를 통해서 계시록으로 인한 혼란이 정리되길 기대한다.

저자는 이 성경공부 교재를 통해서 계시록으로 인한 바른 종말적 사고로 무장되길 원한다.

저자는 한국 교회에 바른 계시록을 통해서 이단 문제가 해결되길 기대한다.

저자는 한국 교회와 세계 교회에 계시록의 말씀을 읽으므로 모든 문제가 해결될 것을 확신한다.

먼저 극동방송 김은기 사장님과 모든 직원들게 감사를 전하고 싶다. 그리고 극동방송 모든 청취자들과 이 감사를 함께 나누고 싶다. 이 책을 출판해준 솔로몬의 모든 직원들게 감사를 전한다.

2009년 10월 7일

저자 김형종 목사

| 차례 |

| 제1장 |

요한계시록이란 과연 어떤 성경인가?

첫째, 계시록은 어떤 성경인가?

1. 요한계시록은 어떤 형식을 가지고 기록한 하나님의 말씀이라고 설명하는가? (2:1)

"에베소 교회의 사자에게 편지하라 ..."(2:1)

2. 요한계시록은 미래에 되어질 무엇을 담고 있는 하나님의 말씀인가? (1:3)

"이 예언의 말씀을 읽는 자와 듣는 자들과 그 가운데에 기록한 것을 지키는 자들이 복이 있나니 때가 가까움이라"(1:3)

3. 요한계시록은 편지 형식으로 마지막 종말에 대한 무엇을 담고 있는 말씀인가? (3절)

이 책은 하나님께서 마지막 시대를 살아가는 성도들을 향하여 예언을 담고 있는 설교의 말씀이라고 알고 있는 사람이 실제로 많지 않다. 계시록이 설교라는 사실만 역사적으로 알고 있었다면 지금까지의 역사적 혼란은 많은 부분 해소되었을 것이다. 하지만 역사는 계시록이 마지막 시대에 되어 질 예언을 담고 있는 하나님의 말씀이라고 생각하고 설교하고 해석했기 때문에 지난 이천년 간 분쟁과 혼란과 무질서, 각종 이단들이 판을 치는 책으로 전락하고 말았다.

둘째, 요한계시록 헬라어 원문은 무엇으로 시작하고 있는가? (1절)

"예수 그리스도의 계시라 이는 하나님이 그에게 주사 반드시 속히 일어날 일들을 그 종들에게 보이시려고 그의 천사를 그 종 요한에게 보내어 알게 하신 것이라"(1:1)

계시란 헬라어 '아포칼립시스' 로 이는 '아포' 와 '칼립시스' 의 두 단어가 합하여 만들어 졌다. 요한계시록이 이 계시란 단어로부터 시작하는데 우리는 큰 관심을 기울여야 한다. 그 이유는 '아포' 가 '벗겨낸다' 라는 의미가 있고, '칼립시스' 는 '덮여 있다' 는 의미인데 이 두 단어가 합성되어 계시록이 어떤 책인지를 전제하고 있기 때문이다. 그 뜻은 세상을 창조하시고 주관하시고 역사를 마감하시는 마지막 책에서 주님은 지금부터 요한계시록의 말씀은 "감추어졌던 것을 이제부터 드러낸다"는 그분의 의도를 드러내고 있기 때문이다. 결국 요한계시록은 이 단어로부터 그 한계를 가지고 시작하는 것이 가장 중요한 개념이라는 하나님의 의도가 담겨져 있기 때문이다. 주님은 이제부터 심판이 예언되어 있는 하나님의 말씀이 더 이상 비밀이 아니고 전 세계의 백성들에게 자신의 계획을 공개한다고 선언하는 단어이다. 여기서부터 계시록이 시작되어야 하는데 이런 하나님의 의도와는 상관없이 사람들은 마지막 때의 사건이고 예언이기 때문에 무조건 어려운 책이고 두렵고 무서운 책이라는 선입관을 가지고 접근했기 때문에 계시록의 해석 역사는 엉망으로 갈 수밖에 없었다. 이제 우리는 주님이 요한계시록을 공개하신 것이야 말로 더 이상 비밀의 책이나 어려운 책이 아니라 쉬운 책이며 누구나 읽기만 해도 열리는 책이라는 관점에서 시작하는 일이 필요하다.

셋째. 요한계시록은 읽기만 해도 열리도록 편집된 말씀이다.(1:3)

1. 요한계시록은 어떻게 하는 사람이 복을 받는다고 설명하는가? (1:3)

초대 교회는 계시록을 읽고 듣고 지키라는 주님의 권면을 따라 예배 시간마다 성경을 읽어 주는 것으로 설교를 대신했다. 약 100년 정도는 설교대신 성경을 읽어주는 전통이 초대교회에서 계속되었다.

하지만 유대 기독교인들이 없어지고 히브리 사고의 문장 구조를 모르는 이방인 교부들의 무지로 말미암아 교회는 본문을 읽고 설교하는 형태로 발전하여 오늘날 설교가 마치 기독교 예배의 전부인 것처럼 토착화 되었다. 이제 아무도 하나님의 말씀대로 성경을 읽어주지 않고 왜 설교하느냐고 따지는 사람도 없고 마치 설교가 없으면 예배가 아닌 것처럼 이상한 방향으로 변한 기독교가 되고 말았다.

2. 바울은 골로새 교회에 이 편지의 말씀을 어떻게 하라고 말씀하는가? (골 4:16)

"이 편지를 너희에게서 읽은 후에 라오디게아인의 교회에서도 읽게 하고 또 라오디게아로부터 오는 편지를 너희도 읽으라"(골4:16)

3. 바울은 에베소 교회에 이 편지의 말씀을 읽으면 그리스도의 무엇을 깨닫게 된다고 설명하는가? (엡3:4)

"그것을 읽으면 내가 그리스도의 비밀을 깨닫는 것을 너희가 알 수 있으리라"(엡3:4)

4. 바울은 데살로니가 교회에 이 편지의 말씀을 모든 형제에게 어떻게 하라고 말씀하는가? (살전5:27)

"내가 주를 힘입어 너희를 명하노니 모든 형제에게 이 편지를 읽어

주라"(살전5:27)

넷째, 요한계시록은 어떤 형식으로 기록되어 있는 말씀이라고 설명하는가? (4-8절)

요한계시록이 예배 시간에 읽어주도록 하나님께서 자신의 의도를 편지 형식으로 담은 예언의 말씀이라는 사실이다. 한편 신학자 바니는 요한계시록이 예배의 진행을 위한 말씀의 화답문이라고 말한다. 필자는 많은 신학자들이 주장하는 내용을 가지고 다음과 같이 예배화답에 맞도록 재편집했다. 이것이 히브리 문장 구조로 볼 때 너무도 자연스러운 형태가 아닐 수 없다.

예배인도자 / 설교자

4b 이제도 계시고 전에도 계시고 장차 오실 이와 그 보좌 앞에 일곱 영과
5 또 충성된 증인으로 죽은 자들 가운데 먼저 나시고 땅의 임금들과 머리가 되신 예수 그리스도로 말미암아 은혜와 평강이 너희에게 있기를 원하노라

회중 / 예배참여자

5c 우리를 사랑하사 그의 피로 우리 죄에서 우리를 해방하시고
6 그 아버지 하나님을 위하여 우리를 나라와 제사장으로 삼으신 그에게 영광과 능력이 세세토록 있기를 원하노라 아멘!

예배인도자 / 설교자

7 볼지어다 구름을 타고 오시리라 각인의 눈이 그를 보겠고 그를

찌른 자도 볼 터이요 땅에 있는 모든 족속이 그를 인하여 애곡하리니(원문은 "애곡하리라.")

회중 / 예배참여자
7c 그러하리라 아멘!

예배인도자 / 설교자
8 주 하나님이 가라사대 나는 알파와 오메가요 이제도 있고 전에도 있었고 장차 올 자요 전능한 자라 하시더라(계속 읽음)

다섯째, 요한계시록 끝장에 다시 한번 무엇의 중요성을 말씀하는가? (22:18-19)

"내가 이 두루마리의 예언의 말씀을 듣는 모든 사람에게 증언하노니 만일 누구든지 이것들 외에 더하면 하나님이 이 두루마리에 기록된 재앙들을 그에게 더하실 것이요 만일 누구든지 이 두루마리의 예언의 말씀에서 제하여 버리면 하나님이 이 두루마리에 기록된 생명나무와 및 거룩한 성에 참여함을 제하여 버리시리라"(18-19절)

사도 요한은 마지막으로 요한계시록의 읽는 자와 듣는 자들과 지키는 자들의 중요성을 다시 한번 더 강조하고 있다. 그리고 읽는 자와 읽어 주는 것이 얼마나 중요한지를 강조하고 듣는 자들이 잘 들어야 함을 강조하고 있다. 마찬가지로 요한계시록을 그대로 읽어주지 않고 그 내용에다 자기 생각을 더하여 설교하고 해석하거나 그 말씀을 제하고 전하는 자들에게 임할 무서운 저주를 선언하고 있다. 결국 요한계시록은 해석하지 말고 주석하지 말고 설교하지 말고 성도들이 잘 읽고 심판을 대비하고 준비할 수 있도록 가르치는 것이 오늘날 설교자들에게 하나님께서 허락한 범위이다. 이 범위를 넘는 자가 그 누구든지 성경의 더하는 재앙과 빼는 재앙이 그 자신의 몫이 될 것이다.

여섯째, 요한계시록은 우리가 읽고 듣고 지키면 무엇을 받는다고 말씀하는가? (3절)

요한계시록은 결코 무서운 책이 아니다. 종교개혁자인 존 칼빈이 말한 것처럼 "계시록은 예언이기 때문에 너무 어렵고 두려운 책이라 나는 결코 주석할 수 없다"고 말하는 것은 겸손한 것이 아니라 요한계시록이 어떤 책인지를 모르기 때문에 일어난 결과이다. 계시록은 읽기만 해도 복을 받는 책이며 주님이 미리 예언으로 자세히 알려 준 것은 우리로 하여금 종말의 심판을 대비하고 준비하라는 축복의 말씀으로 주신 것이다.

일곱째, 요한계시록은 요한이 본 것과 지금 있는 일과 어떤 일을 기록하고 있는가?(19절)

"그러므로 네가 본 것과 지금 있는 일과 장차 될 일을 기록하라"(19절)

요한계시록은 사도 요한이 과거에 본 환상과 현재에 있는 일과 장차 될 일이 순서적으로 기록된 것이 아니라 혼합되어 있다. 이것이 계시록을 어려운 책으로 만들고 말았다. 하지만 우리가 계시록에서 히브리 문장 구조의 시간축과 공간축의 초월성을 이해한다면 이 문제도 그렇게 어려운 일은 아니다. 많은 학자들이 말하고 있는 것처럼 1장은 요한이 과거에 본 사건이고, 2-3장은 일곱 교회의 현재의 사건이고, 4~22장은 미래의 사건을 예언하는 장차 될 일이라고 순차적인 단순한 사고로 보기 때문에 지금까지의 혼란과 더불어 이단들의 전유물이 되었을 정도로 논쟁이 계속되고 있는 것이다.

단순히 계시록은 순차적인 기록이 아니라 과거와 현재와 미래의 사건과 환상들이 뒤섞여 기록되어 있는 예언서이다. 그러므로 우리가 계시록을 접근할 때 시간의 초월과 공간적 초월을 염두에 두고 읽고 이해해야 한다. 어떤 때는 하나님의 일방적인 입장으로 기록하기도 하고 어떤 본문은 인간 이해의 바탕을 깔고 기록하고 있다는 것이다. 만약 당신이 히브리 문장 구조의 키아즘(Chiasm)을 잘 알기 원한다면 필자가 쓴 "읽기만 해도 열리는 요한계시록"(솔로몬 출판사)을 참고하면 많은 도움을 얻을 것이다.

여덟째, 사도 요한은 처음 본 상징에 대한 비밀에 대하여 무엇이라고 설명하는가? (20절)

"네가 본 것은 내 오른손의 일곱별의 비밀과 또 일곱 금 촛대라 일곱 별은 일곱 교회의 사자요 일곱 금 촛대는 일곱 교회니라"(20절)

여기서 주님은 우리에게 요한계시록이 어떤 책인지를 구체적으로 알려주고 있다. 본문은 최초로 사도 요한이 본 것이 지금까지는 비밀이었지만 이제부터는 더 이상 비밀이 아니라 세상의 모든 사람들에게 공개한다는 선언의 자리이다. 앞으로 계시록의 모든 진행은 이런 원리로 기록한다는 약속이다. 주님이 계시록의 미래의 사건을 예언된 비밀들을 설교라는 형식으로 다 설명해 주는 편지 형태의 글로 표현한다는 사실이다. 따라서 계시록에서는 예언된 상징들이 비밀이 아니라 모든 사람들이 알 수 있는 공개된 말씀이다. 그러므로 계시록은 어느 특정한 그룹만이 해석하고 설교할 책이 아니다. 그 어떤 사람이라도 계시록의 히브리 문장 구조만을 이해하면 다 알 수 있는 말씀이다.

| 제2장 |

일곱 교회의 사자에게 보낸 편지 1

첫째, 일곱 교회의 수신자에 대한 오해는 무엇인가?

1. 첫 번째 수신자는 과연 누구인가? (2:1, 8, 12, 18, 3:1, 7, 14)

사도 요한은 계시록의 편지의 첫 번째 수신자는 일곱 교회의 사자라고 분명하게 못 박고 있다. 성경은 분명히 수신자가 교회에 보낸 것이 아니라 각 교회의 사자임을 선언하고 있다. 이러한 관점은 계시록 2, 3장을 이해하는데 너무나 중요한 점이다. 우리가 이런 사실을 정확하게 인식하지 못했기에 일곱 교회에 대한 너무나 다양한 해석이 있었고 지금도 분분한 혼란이 있기 때문이다. 저자 요한은 분명히 계시록의 첫 번째 수신자가 각 교회의 사자라고 밝히고 있다. 사도 요한은 에베소, 서머나, 버가모, 두아디라, 사데, 빌라델비아, 라오디게아 교회의 사자에게 편지한다고 분명히 난정하고 있다. 그 편지를 받은 각 교회의 사자들은 예배 시간에 이 예언의 말씀을 읽어 주는 사역을 했다. 그러면 각 교회의 성도들은 이 말씀을 들었고 그 가운데 기록한 것을 지키는 삶으로서의 예배를 드림으로 축복된 삶을 경험했다.

2. 두 번째 수신자는 과연 누구인가?(2:7, 11, 17, 29, 3:6, 13, 22)

"귀 있는 자는 성령이 교회들에게 하시는 말씀을 들을지어다"(2:7)

여기서 각 교회의 사자들에게 보내는 편지의 말미에서 "성령이 교회들에게 하시는 말씀을 들을지어다"라고 말할 때 '교회들'이라는 단어가 복수로 되어 있다. 결국 이 말씀은 각 교회의 사자가 계시록을 읽어 줄 때 소아시아 일곱 교회를 포함한 모든 시대의 각 교회들이 2차 수신자로 듣는다는 점이다. 계시록은 각 교회의 사자들에게 보낸 편지를 통해서 각 교회의 이름이 먼저 언급된 것은 그들이 가장 먼저 듣게 되는 성도들임에 틀림없다. 비록 그들이 먼저 들었다고는 하나 그것이 특권은 결코 아니다. 도리어 그 당시 삶의 정황과 신앙의 상태를 평가하는 설교의 편지이기 때문에 그들의 가슴에 가장 와 닿고 가장 잘 적용된 것은 사실이지만 직접적인 칭찬이나 노골적인 책망도 모두 다 그들이 감내해야 하는 책임이 있기 때문이다. 비록 우리가 2차 수신자 반열 안에 들어가는 것이 동일하기는 하나 그들과 우리의 시대적 차이와 환경적 차이로 인해서 많은 부분에서 어려움이 있는 것은 사실이다.

둘째, 일곱 교회에 보낸 편지에서 누가 각 교회들에게 하신 말씀을 들으라고 설명하는가? (2:7, 11, 17, 29, 3:6, 13, 22)

"성령이 각 교회들에게 하신 말씀을 들을지어다"(2:7, 11, 17, 29, 3:6, 13, 22)

일곱 교회의 사자에게 보낸 편지마다 성령이 각 교회들에게 하시는 말씀을 들으라고 하신 것은 대단히 중요한 말씀이다. 이는 각 교회의 사자들이 말씀을 읽어 줄 그때에 성령 하나님께서 직접 각 사람의 귀에 말씀하신다는 선언이기 때문이다. 이런 성령 하나님의 직접적인 목회의 원리 선언은 시대마다 역사한 교회사적 증거로도 증명된 사실이다. 각 시대마다 각 교회의 사자들이 성경을 읽어 줄 때 성령 하나님이 직접 말씀을 깨닫게 하고 이해시키는 역사가 성령 자신이 그 일을 하신다는 약속이기 때문이다. 이런 약속에도 불구하고 각 교회의 사자들이 성경을 읽는 것보다는 설교하는 일에 사력을 다하는 것은 정말로 안타까운 일이 아닐 수 없다. 비록 각 교회의 사자들이 성경대로 읽어 주지 않고 자기 생각이 포함된 엉망으로 설교를 한다고 해도 성령 하나님의 직접적인 목회이기 때문에 불쌍히 여겨 생명의 역사를 일으키고 있다는 사실이다. 그러므로 생각을 조금만 바꾸면 각 교회의 목회자들이 성경대로 설교하고 목회하려고 노력한다면 지금보다 더 놀랍게 성령의 기름 부으심과 역사하심이 있을 것이라는 필자의 생각이다.

셋째, 사도 요한의 일곱 교회에 대한 히브리 문장 구조 설교의 형태

1. 첫 번째 수신자
2. 그리스도의 모습 선포
3. 칭찬으로 격려
4. 책망과 경고
5. 권면적 선포
6. 이기는 자의 상급에 대한 약속 선포
7. 두 번째 수신자

계시록 2장, 3장의 일곱 교회에 대한 주님의 설교는 위와 같은 형태를 따라 말씀하신다. 많은 사람들은 계시록 2, 3장이 하나님께서 일곱 교회에 보낸 설교라고 인정은 하지만 우리가 그 설교문을 가지고 읽어 주고 끝내기 보다는 또 다시 설교해야 한다는 견해만 성령 하나님과 견해가 다른 부분이다. 사도 요한은 이미 각 교회의 신앙의 형편과 실제적 사실에 대한 이해를 바탕으로 해석한 설교이기 때문에 더 이상 우리의 설교가 필요하지 않기 때문에 단지 읽어 주는 것으로 끝내라고 말씀한다. 그러므로 우리가 또 다시 내용이나 단어마다 이상한 해석을 가미해서 설교하는 것은 이제 경계해야 한다. 혹시 그냥 읽어 주는 것만으로 부족하다면 그 시대에 맞고 현대에 맞추는 적용적 설명이 약간 필요하다고 생각한다. 더 이상 우리가 계시록을 해석하는 것은 성령 하나님에 대한 모독이다. 성령 하나님의 약속대로 우리가 읽어 줄 때 그분이 직접 목회하고 말씀하실 것이기 때문이다.

넷째, 에베소 교회의 사자에게 보내는 편지의 내용은 무엇이라고 설명하는가?(1-7절)

1. 첫 번째 수신자는 누구인가?(1절)

2. 예수 그리스도가 어떻게 묘사되는가?(1절)

3. 주님의 칭찬과 격려는 어떤 내용인가?(2-3절)

4. 주님의 책망과 경고는 무엇인가?(4-5절)

5. 주님의 권면적인 설교는 무엇인가?(5절)

6. 이기는 자의 상급에 대한 약속은 무엇인가?(7절)

7. 두 번째 수신자는 누구인가?(7절)

8. 그 교회의 사자가 계시록을 읽을 때 누가 직접 말씀하시는가?(7절)

두 번째 수신자에 해당하는 에베소 교회에 보내는 편지는 에베소에 있는 교회의 상황과 환경, 그리고 성도들의 형편과 신앙을 고려해서 보낸 것이다. 하지만 주님께서 에베소 교회조차 1차 수신자가 아닌 2차 수신자의 대열에 포함시킨 것을 주목할 줄 알아야 한다. 그래야

만 주님이 그렇게 하신 의도를 알 수 있기 때문이다. 만약 에베소 교회가 1차 수신자라면 이 예언의 내용을 오고 오는 모든 교회에 적용된 하나님의 말씀에 대한 확신에 문제가 생기기 때문이다. 주된 내용은 에베소의 모든 상황을 고려했다고 하지만 그 내용의 적용에 있어서 보편적인 모든 교회가 동일하게 받을 수 있게 하기 위함이다.

에베소 교회의 예수 그리스도에 대한 모습은 "오른 손에 있는 일곱 별을 붙잡고 일곱 금 촛대 사이를 거니시는 이"라고 묘사함으로 인해 나중에 책망과 권면할 때 "촛대를 옮기리라"는 병행절임을 히브리 문장 구조로 찾을 수 있다. 여기서 주님이 주의 종을 '붙잡고' 란 단어를 강조하는 반면에 병행구절에서는 첫 사랑을 잃어 버리고 회복하지 못한다면 그 촛대를 옮겨 버린다는 책망이 들어있는 권면적 설교의 문장의 특징을 가지고 있다. 특히 에베소 교회에 주님이 이기는 자에게 주시는 상급이 에덴의 회복을 언급하셨다. 그 약속은 "이기는 자에게 내가 하나님의 낙원에 있는 생명나무의 열매를 주어 먹게 하리라"고 하시면서 에덴의 회복은 다름아닌 천국의 생명나무의 회복을 통해서 성도의 진짜 회복이 무엇인지를 선포하고 있다.

다섯째, 서머나 교회의 사자에게 보내는 편지의 내용은 무엇인가?(8-11절)

1. 첫 번째 수신자는 누구인가?(8절)

2. 예수 그리스도가 어떻게 묘사되는가?(8절)

3. 주님의 칭찬과 격려는 어떤 내용인가?(9절)

4. 주님의 책망과 경고는 무엇인가?

5. 주님의 권면적인 설교는 무엇인가?(10절)

6. 이기는 자의 상급에 대한 약속은 무엇인가?(10-11절)

7. 두 번째 수신자는 누구인가?(11절)

8. 그 교회의 사자가 계시록을 읽을 때 누가 직접 말씀하시는가?(11절)

서머나 교회의 특징은 주님의 칭찬은 있지만 책망이 없다는 것이다. 특별히 서머나 교회가 외적 핍박과 환란을 받고 내적으로 물질적인 궁핍이 심하지만 성도들의 신앙만은 부유하다고 칭찬을 받았다. 이는 라오디게아 교회의 물질적 부요함에도 불구하고 영적 가난한 상태와는 너무나도 대조적인 신앙 상태를 병행적으로 보여주고 있다. 그 당시 서머나 교회의 사자로 담임 목사인 폴리갑은 155년 경 빌라델비아 성도들과 함께 불에 태워 죽임 당하는 순교를 당한 것으로 알려져 있다. 그래서 이기는 자에게 주시는 주님의 약속이 죽도록 충성한 자들에게 생명의 면류관을 주시겠다고 약속하신 것이다.

여섯째, 버가모 교회의 사자에게 보내는 편지의 내용은 무엇인가?(12-17절)

1. 첫 번째 수신자는 누구인가?(12절)

---

2. 예수 그리스도가 어떻게 묘사되는가?(12절)

---

3. 주님의 칭찬과 격려는 어떤 내용인가?(13절)

---

4. 주님의 책망과 경고는 무엇인가?(14절)

---

5. 주님의 권면적인 설교는 무엇인가?(15절)

---

6. 이기는 자의 상급에 대한 약속은 무엇인가?(17절)

---

7. 두 번째 수신자는 누구인가?(17절)

---

8. 그 교회의 사자가 계시록을 읽을 때 누가 직접 말씀하시는가?(17절)

그 당시 버가모 교회는 사탄의 권좌가 있는 도시였다. 버가모란 영어로 'Perchment' 인데 이는 양피지라는 뜻을 가지고 있다. 이 도시가 퍼치먼트란 이름을 가지게 된 이유는 당시 알렉산드리아에 큰 불이 나서 100만권의 장서를 가지고 있는 큰 도서관이 불에 타버렸다고 한다. 이를 계기로 버가모는 당시 제일 큰 도서관을 만들려는 운동을 벌렸는데 이를 알게된 알렉산드리아에서 책의 재료인 파피루스의 공급을 끊어 버렸다고 한다. 하지만 그들은 양피지를 만들어 책을 만드는데 성공하게 되어 많은 책을 보유하게 되었고 이 때문에 도시 이름 자체가 양피지란 이름의 버가모(헬라어, 페르가모)가 되었던 것이다.

일곱째, 두아디라 교회의 사자에게 보내는 편지의 내용은 무엇인가?(18-24절)

1. 첫 번째 수신자는 누구인가?(18절)

2. 예수 그리스도가 어떻게 묘사되는가?(18절)

3. 주님의 칭찬과 격려는 어떤 내용인가?(19절)

4. 주님의 책망과 경고는 무엇인가?(20-21절)

5. 주님의 권면적인 설교는 무엇인가?(22-25절)

6. 이기는 자의 상급에 대한 약속은 무엇인가?(26-28절)

7. 두 번째 수신자는 누구인가?(29절)

8. 그 교회의 사자가 계시록을 읽을 때 누가 직접 말씀하시는가?(29절)

| 제3장 |

일곱 교회의 사자에게 보낸 편지 2

첫째, 사데 교회의 사자에게 보내는 편지의 내용은 무엇인가?(1-6절)

1. 첫 번째 수신자는 누구인가?(1절)

2. 예수 그리스도가 어떻게 묘사되는가?(1절)

3. 주님의 칭찬과 격려는 어떤 내용인가?(4절)

4. 주님의 책망과 경고는 무엇인가?(1-2절)

5. 주님의 권면적인 설교는 무엇인가?(2-3절)

6. 이기는 자의 상급에 대한 약속은 무엇인가?(4-5절)

---

7. 두 번째 수신자는 누구인가?(6절)

---

8. 그 교회의 사자가 계시록을 읽을 때 누가 직접 말씀하시는가?(6절)

둘째, 빌라델비아 교회의 사자에게 보내는 편지의 내용은 무엇인가?(7-13절)

1. 첫 번째 수신자는 누구인가?(7절)

---

2. 예수 그리스도가 어떻게 묘사되는가?(7절)

---

3. 주님의 칭찬과 격려는 어떤 내용인가?(8-10절)

---

4. 주님의 책망과 경고는 무엇인가?

---

5. 주님의 권면적인 설교는 무엇인가?(11절)

---

6. 이기는 자의 상급에 대한 약속은 무엇인가?(12절)

---

7. 두 번째 수신자는 누구인가?(13절)

---

8. 그 교회의 사자가 계시록을 읽을 때 누가 직접 말씀하시는가?(13절)

빌라델비아 교회의 주님은 '다윗의 열쇠를 가지고 열면 닫을 자가 없고 닫으면 열자가 없는 이' 라고 자신의 존재를 선언하신다. 정말 주님은 천국의 열쇠를 가지고 열기도 하시고 닫기도 하시는 이 땅의 실질적인 주인이시다. 이런 이유로 인해서 주님은 각 교회에 천국으로 가는 열린 문을 두어서 자신 외에는 아무도 닫거나 열수 없다고 선언하신다. 특히 빌라델비아 교회는 책망이 없는 교회 중의 하나이다.

셋째, 라오디게아 교회의 사자에게 보내는 편지의 내용은 무엇인가?(14-22절)

1. 첫 번째 수신자는 누구인가?(14절)

2. 예수 그리스도가 어떻게 묘사되는가?(14절)

3. 주님의 칭찬과 격려는 어떤 내용인가?

4. 주님의 책망과 경고는 무엇인가?(17절)

5. 주님의 권면적인 설교는 무엇인가?(16-18절)

6. 이기는 자의 상급에 대한 약속은 무엇인가?(21절)

---

7. 두 번째 수신자는 누구인가?(22절)

---

8. 그 교회의 사자가 계시록을 읽을 때 누가 직접 말씀하시는가?(22절)

라오디게아 교회에 대해 주님께서는 차지도 않고 뜨겁지도 않은 미지근한 신앙의 상태를 강하게 책망하셨다. 그리고 뜨거운 신앙의 회복을 요청하셨다. 주님이 라오디게아 교회에 신앙을 회복하기 위한 구체적인 대안을 말씀하신 것으로도 유명하다. 이 도시는 당시에 유대인들이 운영하는 큰 은행과 대학이 있는 부유한 도시였다. 이곳의 대학에서 부르기아 안약을 만드는 대단위 공장이 있었다. 주님은 이런 도시적 특성을 알고 뜨거운 신앙의 회복을 위해 안약을 사서 바르라고 권면하신 것이다. 특히 이곳에서 8킬로미터(km) 떨어진 곳에 히에라폴리스라는 당시 소아시아에서 제일 유명한 온천이 있어서 많은 사람들이 찾아 와서 병을 치료하곤 했다. 이 온천물이 라오디게아로 흘러오면서 미지근한 물로 바뀌면서 이 물로 몸을 씻으면 피부병이 걸렸다. 이런 지리적 상황을 아신 주님은 사도 바울을 통해서 뜨거운 신앙의 회복을 진정으로 원하셨던 것이다.

| 제4장 |

천상 공개 설교

계시록 4-5장은 역사 이래로 주님께서 처음 천상을 이 땅의 모든 교회들에게 공개 설교로 설명하는 장면이다. 하나님께서 성도들에게 처음으로 자신의 나라인 천국을 파노라마 형식을 빌려 자세히 공개하면서 소개하는 설교라고 볼 수 있다. 주님은 사도 요한이 경험한 천상의 환상을 설교라는 독특한 방법을 가지고 자연스럽게 공개 설명하고 있다. 4장이 천국을 자세히 공개하는 장이라면 5장은 천상에서의 마지막 때에 되어 질 지상 심판의 스케줄을 병행적인 방법으로 공개 설명하는 경이로운 사건임에 틀림없다. 만약 주님이 우리에게 천상과 지상의 마지막 때 스케줄을 공개 설명하지 않았다면 전혀 상상이 되지 않고 전혀 알 수도 없는 지상 최대의 사건이 여기에 있다. 특히 4장이 천상의 주인이 누구인가를 공개 설명하고 5장은 지상과 병행하여 마지막 심판 때의 사건들을 나열하고 있다. 그 천상의 주인공인 어린양 예수 그리스도가 마지막 심판 때에 대재앙의 내용들을 공개하는 자리가 4-5장인 것이다. 주님이 오시면 우리 모든 성도가 가야할 천상을 미리 가서 여행해 보는 것도 간접적인 경험으로 그 의미가 깊다고 하겠다.

첫째, 하늘에 열린 문이 있다고 설명하고 있다.

1. 사도 요한이 하늘에 있는 문이 열려 있고 요한에게 어떻게 하라고 설명하는가? (1절)

"이 일 후에 내가 보니 하늘에 열린 문이 있는데 내가 들은 바 처음에 내게 말하던 나팔소리 같은 그 음성이 이르되 이리로 올라오라 이후에 마땅히 일어날 일들을 내가 네게 보이리라 하시더라"(1절)

주님은 우리를 대신해 사도 요한으로 하여금 먼저 공개하는 천상을 보게 하셨다. 여기서 열린 문은 헬라어로 '아노이고' 인데 이는 "지금까지 미 공개된 비밀스런 장소를 열어 세상에 공개 설명하다"는 의미이다. 주님은 사도 요한을 통해서 체험한 과정을 통해서 지금까지 비밀스럽던 천상을 공개한다고 자세히 설명하고 있다. 창조할 때부터 지금까지 천국을 이처럼 자세하게 공개한 적이 없기 때문에 4장, 5장은 오늘날 성도들에게 아주 의미있는 사건이 아닐 수 없다. 지금까지는 천국은 주님이 눈을 열어 주시는 자만 경험할 수 있는 신비적인 영적 현상이었으나, 이제부터는 누구든지 계시록을 읽으면 천국을 간접적으로 경험할 수 있는 놀라운 자리가 아닐 수 없다. 이런 비밀스러운 장소를 온 천하에 공개하는 것은 천국은 더 이상 비밀스러운 장소가 아닌 우리 성도들이 반드시 가야할 진정한 나라임을 세상에 공개 설명하는 신비한 장면이다. 이곳은 하늘과 땅이 하나가 되는 하나님의 임재가 있는 장소라는 사실이다.

2. 주님이 천국을 공개 설명하면서 첫 번째로 누가 있다고 말씀하는가? (2절)

"내가 곧 성령에 감동되었더니 보라 하늘에 보좌를 베풀었고 그 보좌 위에 앉으신 이가 있는데"(2절)

천국의 보좌는 신약 성경에 67회, 그 가운데 계시록에 47회가 나온다. 이곳은 여호와 하나님께서 우주의 통치 장소이면서 세상의 모든 일들을 섭리하며 심판하시는 판결의 보좌이다. 그 보좌에 앉으신 이가 바로 성부 하나님이시다. 그분은 세상을 창조하시고 마지막 때, 종말의 모든 스케줄을 계획하신대로 집행하고 마감하고 심판하는 조물주이시다. 이곳이 천국의 중앙으로 주 하나님 아버지의 보좌가 가운데 있고 그분은 거기 앉아서 세상을 경영하신다. 한편 성부 하나님이 앉으신 보좌를 무지개가 두르고 있는데 이는 그 모양이 녹보석과 같다고 했다.

3. 하나님의 보좌에 둘러선 24보좌에 누가 앉아 있다고 설명하는가? (4절)

"또 보좌에 둘려 이십사 보좌들이 있고 그 보좌들 위에 이십사 장로들이 흰 옷을 입고 머리에 금관을 쓰고 앉았더라"(4절)

실제로 계시록 4장에는 이십사 장로가 누구인가에 대한 자체 해석이 없다. 하지만 24장로에 대한 병행 구절인 21장에 보면 다시 한 번 새 하늘과 새 땅에 대한 천국의 완성으로 마감하면서 24장로가 누구인지를 알려주고 자세히 설명해 주는 장면을 볼 수 있다. 첫째로 주님은 21장 12절에 천국의 성곽의 열두 문은 이스라엘 열두 지파의 이름이라고 설명하고 있다. 또한 21장 14절에 나머지 천국의 성곽의 열두 기초석은 열두 사도의 이름이라고 설명하는 것을 보면 24장로가 어떤 존재인지를 알 수 있다. 결국 24장로는 구약의 12지파와 신약의 열두 사도들로 신구약 성경과 모든 시대의 성도들의 대표라는 사실을 알 수 있다.

4. 보좌 앞에 켠 등불 일곱은 누구라고 설명하고 있는가? (5절)

"보좌로부터 번개와 음성과 우렛소리가 나고 보좌 앞에 켠 등불 일곱이 있으니 이는 하나님의 일곱 영이라"(5절)

보좌 앞의 하나님의 일곱 영은 성령의 사역적 호칭이라고 볼 수 있다. 이는 계시록 5장 6절에 온 땅에 보내심을 받은 하나님의 일곱 영으로 해석하고 있다. 하나님의 일곱 영으로 나타나는 성령 하나님은 은사 사역을 통해서 일하신다.

5. 보좌 앞의 네 생물은 각각 무엇과 같다고 설명하는가? (7절)

"그 첫째 생물은 사자 같고 그 둘째 생물은 송아지 같고 그 셋째 생물

은 얼굴이 사람같고 그 넷째 생물은 날아가는 독수리 같은데"(7절)

보좌 주위에 있는 네 생물에 대한 자체 설명은 다음과 같다. 그 네 생물은 각각 여섯 날개를 가졌고 그 안과 주위에는 눈들이 가득하다고 했다.(8절) 먼저 네 생물은 인간이 될 수 없다. 그러면 천국에 하나님과 인간 말고 또 다른 누군가가 있는가를 생각하면 우리가 쉽게 이해할 수 있다. 그것은 천사 외에 다른 존재가 될 수 없다. 그러므로 살아있는 영적 존재란 의미에서 생물이라고 상징적으로 표현하고 있다. 한편 네 생물이 여섯 날개를 가졌고 그 주위에 눈들이 가득 하다고 표현한 것은 천사의 속성을 잘 표현하고 있다. 그 생물들이 쉬지 않고 하나님을 높이며 찬양하는 사역을 보아도 천사라는 것을 쉽게 알 수 있다.

둘째, 보좌 주위의 존재들이 하나님께 영원히 예배하고 있다고 공개 설명

1. 그 생물들이 보좌에 앉아 세세토록 살아계신 이에게 무엇을 하는가? (9절)

"그 생물들이 보좌에 앉으사 세세토록 살아 계시는 이에게 영광과 존귀와 감사를 돌릴 때에"(9절)

2. 이십사 장로들이 보좌에 앉으신 이 앞에 엎드려 어떻게 하나님을 섬기는가? (10절)

"이십사 장로들이 보좌에 앉으신 이 앞에 엎드려 세세토록 살아 계시는 이에게 경배하고 자기의 관을 보좌 앞에 드리며 이르되" (10절)

네 생물의 하나님께 대한 찬양과 경배가 이십사 장로들이 드리는 경배와 찬양의 내용과 표현만 다르지 동일하다. 단지 찬양의 내용이 서로 병행이 되어 하나님만 찬양하는 것은 이 땅에서 우리가 드리는 찬양과 경배도 동일한 내용임을 확인할 수 있다. 오직 우리 하나님만이 영광과 찬양을 받으시기에 합당하시기 때문이다. 이십사 장로들이 하나님만이 영광을 받으시는 것이 합당하다고 하는 헬라어 '악시오스'가 바로 "우리 하나님 만이 예배 받으실 이유가 충분하다"는 뜻을 가지고 있다. 우리 하나님만이 영광을 받으실 충분한 이유에 대해 이십사 장로는 "우리 하나님은 만물을 지으신지라 만물이 주의 뜻대로 있었고 또 지으심을 받았나이다"(11절)라고 고백하고 있다.

| 제5장 |

천상의 지상 종말 스케줄 공개 설교

첫째, 천상에 인봉한 지상 종말 스케줄 공개 설명

1. 보좌에 앉으신 이의 오른손에 두루마리가 어떻게 되어 있다고 설명하는가? (1절)

"내가 보매 보좌에 앉으신 이의 오른손에 두루마리가 있으니 안팎으로 썼고 일곱 인으로 봉하였더라"(1절)

천국의 공개와 더불어 인봉한 지상 종말 스케줄이 하나님의 도장을 찍어 비밀스럽게 봉인되었다고 공개적인 설교를 하고 있다. 즉 하나님의 오른손에 있는 두루마리는 안팎으로 써있는 상태로 일곱 인으로 봉해 놓았는데 이는 그 마지막 때 되어질 지상의 종말 스케줄이 비밀의 상태로 봉인되어 있다고 공개적으로 설명하고 있다. 사실 하나님이 사도 요한을 통해서 이런 사실을 우리에게 알려 주지 않으면 도무지 우리는 알 수 없는 비밀들일 수밖에 없다. 하지만 이런 비밀스런 감추어진 일까지 모두 공개하는 것이 하나님께서 우리에게 계시록을 주신 목적이다.

2. 천사가 큰 음성으로 그 누가 두루마리를 펴며 그 무엇을 떼기에 합당하느냐고 질문하는가? (2절)

"또 보매 힘 있는 천사가 큰 음성으로 외치기를 누가 그 두루마리를 펴며 그 인을 떼기에 합당하냐 하나"(2절)

3. 사도 요한은 무엇 때문에 그렇게 크게 울었다고 설명하는가? (4절)

"그 두루마리를 펴거나 보거나 하기에 합당한 자가 보이지 않기로 내가 크게 울었더니"(4절)

둘째, 어린양의 등장과 천권이양식 공개 설명

1. 한 장로가 요한에게 유대 지파의 사자인 어린양이 어떤 이유로 그 두루마리와 일곱 인을 뗄 수 있다고 설명하는가? (5절)

"장로 중의 한 사람이 내게 말하되 울지 말라 유대 지파의 사자

다윗의 뿌리가 이겼으니 그 두루마리와 그 일곱 인을 떼시리라 하더라"(5절)

여기서 다윗의 뿌리가 이겼다는 것은 십자가에서 승리한 것을 천상에서 선포하시는 말씀이다. 이는 예수 그리스도가 십자가에서 죽고 부활로 죽음을 이기신 근거는 헬라어 '이겼으니'(니카오)가 과거의 어느 한 시점에서 모든 문제가 해결되고 승리했다고 선언하는 의미가 있기 때문이다. 하나님은 예수가 마지막 시대의 주인공으로 모든 주권을 가지고 사역할 수 있는 자격이 십자가와 부활에서 얻었다고 선언하는 공개의 자리이다. 이런 선언은 계시록을 설명하는데 아주 적절한 말씀으로 나중에 사탄의 기원과 결박을 설명하는 근거가 되기 때문이다.

2. 보좌와 네 생물과 장로들 사이에 중보자로 누가 등장하는가? (6절)

"내가 또 보니 보좌와 네 생물과 장로들 사이에 한 어린양이 서 있는데 일찍이 죽임을 당한 것 같더라 그에게 일곱 뿔과 일곱 눈이 있으니 이 눈들은 온 땅에 보내심을 받은 하나님의 일곱 영이더라"(6절)

여기 어린양의 등장은 계시록의 마지막 시대의 주인공의 등장으로 극적인 모든 요소를 가지고 공개하고 있다. 한편 우리가 주목해야 할 한 가지는 어린양이 서있는 위치에서 찾을 수 있다. 그 위치가 하나님의 보좌와 이십사 장로들과 네 생물 사이에 중보자로 등장하고 있는 것이다. 이는 어린양이 가장 중요한 위치로서 그것은 하나님께서 천국을 공개하고 지상의 종말 스케줄을 공개한 직후에 어린양이 이 모든 사건들의 중보자로 극적으로 등장하는데 초점을 맞추고 있기 때문이다. 그분은 일찌기 죽임을 당한 십자가와 부활의 주인공으로 마지막 시대의 모든 사건의 주인공으로 다시 세움을 받는 자리이다.

3. 그 어린양이 나와서 보좌에 앉으신 이에게 취하신 것이 무엇이라고 설명하는가? (7절)

"그 어린양이 나아와서 보좌에 앉으신 이의 오른손에서 두루마리를 취하시니라"(7절)

어린양이 보좌에 앉으신 성부 하나님의 오른손에 있는 두루마리를 취하신다. 이는 예수 그리스도가 세례 받으실 때 메시야로서 사역을 시작한다는 '메시야 대관식' 과 마찬가지로 이제 하늘에서 계획된 종말의 봉인된 모든 스케줄이 승리하신 메시야로 '천권이양식' 을 통해서 성부 하나님께 심판의 모든 권한을 위임받는 장면을 공개 설명하는 가장 엄숙한 자리라고 볼 수 있다. 이제 예수님은 재림주로 하늘의 천권이양식을 통하여 완전하게 종말 사역의 주인공으로 취임하는 공개의 생방송 현장이다. 성부 하나님으로부터 완전한 인수인계는 '취하시리라' 는 헬라어 '람바노' 에서 찾을 수 있다. 이는 하나님의 손에 있는 지상 종말의 스케줄이 주님의 손으로 완전하게 넘어갔다는 것을 확인하는 단어이기 때문이다. 주님은 이제 완전한 재림주의 권한을 가지고 마지막 계시록에 예언된 사건의 내용을 따라 심판을 진행할 것이다.

4. 마지막 때의 사건이 기록된 두루마리를 취한 어린양에게 천국의 존재들이 어떻게 하고 있다고 설명하는가? (8절)

"그 두루마리를 취하시매 네 생물과 이십사 장로들이 그 어린양 앞에 엎드려 각각 거문고와 향이 가득한 금 대접을 가졌으니 이 향은 성도의 기도들이라"(8절)

5. 천권이양식이 끝남과 동시에 모든 경배가 누구에게로 집중된다고 설명하는가? (8절)

놀라운 것은 지금까지 모든 천상의 예배가 성부 하나님께만 집중이 되었다면 천권이양식이 마친 직후부터는 천상의 찬양과 경배가 어린양께로 집중된다는 흥미로운 설명이다. 이런 현상은 세상에서도 권력이양 때 드러나는 것과 비슷하다고 할 수 있다. 하지만 천상의 예배가 예수님께만 집중되는 것이 아니라 성부 하나님과 동시에 받으시는 것으로 말씀하고 있다.

6. 천상의 천사들이 죽임을 당하신 어린양이 무엇을 받기에 합당하다고 하는가? (12절)

"큰 음성으로 이르되 죽임을 당하신 어린양은 능력과 부와 지혜와 힘과 존귀와 영광과 찬송을 받으시기에 합당하시도다 하더라" (12절)

| 제6장 |

인을 떼는 심판 공개 설명

첫째, 세 가지 심판의 재앙을 어떻게 해석할 것인가?

세 가지 심판의 재앙은 역사적으로 보면 신학자들은 대부분 세 번의 각각 다른 사건으로 해석했다. 물론 많은 신학자들이 이렇게 해석한 이유도 분명히 있다. 우리가 계시록을 단순한 이해를 가지고 문자적이고 순차적으로 이해하면 세 개의 다른 재앙으로 해석할 수밖에 없는 것이 당연하다. 하지만 이로 인한 계시록 해석의 혼란과 무질서와 두려움은 실로 컸다. 또한 계시록에 나타난 이 엄청난 심판의 대재앙을 우리가 과연 어떻게 피하고 견딜 것인가의 문제로 수많은 이단들이 등장하게 되었다. 마찬가지로 우리의 손으로 셀 수 없을 정도로 많은 교파가 갈라지고 극단적인 종말론자들이 전 세계적으로 자기들만의 목소리를 키웠다. 자연재해나 천재지변이 일어날 때마다 어김없이 등장하는 사이비 종말론자들이 큰 소리 치는 어처구니없는 일들이 세계 도처에서 일어났다. 동시에 일부 신학자들은 세 개의 심판의 대재앙이 아니라 하나의 심판의 재앙을 나선형식으로 풀어서 설명을 했다고 말하고 있지만 이런 해석 또한 논리적인 비약이 너무 심한 것이 사실이다.

필자는 히브리 문장 구조를 따라 심판의 대재앙을 주도하는 세 개의 동사에서 주님께서 의도하시는 심판의 대재앙의 문제를 설명하고자 한다. 지금까지 역사는 주로 재앙 자체에 대한 해석으로 인해 세 개의 동사의 의미를 버리고 말았다. 실제로 이는 주님께서 의도하신 세 개의 동사만 바로 이해하면 하나의 심판에 대하여 세 번의 개념으로 구체적으로 적용해서 설명하는 히브리 문장 구조의 특징이기 때문이다. 이제 우리는 한 번의 심판의 대재앙에 대하여 주님께서 구체적이고 분명하게 각인시키기 위하여 세 번의 다른 각도로 심판의 대재앙을 설명하고 있다고 보면 된다. 이렇게 성경을 보고 설명하는 것은 히브리 문장 구조의 사고로 볼 때만 가능한 일이다. 히브리인들은 동사 민족이라고 불리우기 때문이다. 히브리 사고를 알기 위해서는 필자가 쓴 책 "바울의 13가지 설교 원리"(처음)를 참고하면 많은 도움을 받을 것이다.

1. 인을 떼는 심판 대공개 설명 : 요한이 볼 때 어린양이 일곱 인을 어떻게 하신다고 설명하는가? (1, 3, 5, 7, 9, 12절)

"내가 보매 어린양이 일곱 인 중의 하나를 떼시는데 그때에 내가 들으니 네 생물 중의 하나가 우렛소리같이 말하되 오라 하기로"(1절)

이와 마찬가지로 세 개의 다르게 보이는 그 심판의 대재앙들의 한계를 제한하는 동사가 일곱 번 동일한 개념으로 등장하는 것에 주목해야 한다. 첫 번째 심판의 재앙인 일곱 인은 항상 '떼다'(아노이고)라는 동사가 따라 나와서 그 심판 재앙의 한계를 설정하고 있다. 따라서 인 재앙은 '떼다' 라는 동사의 한계를 넘을 수 없다는 전제이다. 만약 우리가 인 재앙을 재앙 자체만 가지고 해석을 할 때 지금까지의 문제점을 해결할 수 없는 딜레마에 빠지게 된다. 하지만 인을 떼는 심판의 재앙으로 한정을 하고 해석을 하면 한 개의 심판의 재앙에 대한 세 번의 강조하는 설명이라는 명확한 개념을 도출할 수 있게 된다. 역사적으로 세 개의 심판의 재앙을 해석할 때 동사에 주목하지 못하고 재앙 자체만을 집착해서 지금까지의 해석의 혼란을 가져왔다는 점을 한시라도 잊어서는 안 된다. 여기서 '인을 떼다'(아노이고, open)는 동사에서 주님이 의도하신 해석의 실마리를 찾을 수 있다. 주님이 인을 떼는 것은 이제 세상의 심판의 구체적인 내용이 적힌 두루마리를 만천하에 공개한다고 선언하는 자리이다. 그러므로 인을 떼는 것은 지금까지 비밀로 봉인된 것을 열어 파노라마식으로 모든 사람에게 개괄적인 내용을 보여 주신다는 말씀이다. 이제부터 마지막 심판이 공개되어 미래의 어느 시점부터 일곱 번의 예고된 인의 재앙이 시작되니까 이것을 본 사람들은 미리 준비하라는 경고의 메시지에 해당한다고 볼 수 있다. 바로 이 자리는 대재앙의 심판이 시작된다는 사실을 우주적으로 공개 선언하는 자리라고 보면 된다.

이는 어린양만이 감추어진 두루마리를 열어 앞으로 대재앙의 심판이 이렇게 구체적으로 시작될 것을 보여주는 자리이다. 그러므로 인을 떼는 사건은 비밀로 숨겨진 사실이 지금까지 감추어져 봉인되어 있었으나 이제부터는 더 이상 비밀이 아니고 이 땅에 살아가는 모든 피조물과 사탄의 세력에게 공개하고 선언하는 위대한 자리임에 틀림 없다. 이러한 배려는 성도들로 하여금 미래의 대재앙을 신앙으로 준비하고 미리 대비하라는 의도를 가지고 주님께서 공개하는 사건이다. 따라서 인을 떼는 심판의 재앙은 실제적인 재앙이 아니라 오직 천상의 대재앙이 앞으로 이런 식으로 진행된다고 지상에 공개하여 경고하는 하나님의 메시지이다. 이것을 우리가 알면 인을 떼는 심판의 재앙에 대한 해석은 아주 쉽게 할 수 있게 된다.

2. 나팔 부는 심판 재앙 설명 : 첫째 천사가 나팔을 어떻게 하라고 설명하는가? (8:7, 8, 10, 12, 9:1, 13)

"첫째 천사가 나팔을 부니 …"(8:1)

두 번째 나팔 부는 심판 재앙은 모두 '불다'(살피죠)라는 동사에 제한을 받고 있다. 구약 성경에서 나팔은 항상 부는 것으로 나타나고 그 의미는 이제부터 무엇인가 시작된다는 것을 선포하는 자리이기 때문이다. 한편 일곱 나팔 재앙마다 나팔을 불어 시작함을 알리는데 이것은 이제부터 다음과 같이 세상을 심판하시는 재앙이 시작됨을 선언하는 장면이다. 비록 나팔을 불었다고 할지라도 본격적인 심판이 진행된 것은 아니고 이제부터 시작됨을 선포하는 자리이다. 주님이 재림하시기 직전에 천사장이 나팔을 불어 주님이 오신다는 사실을 온 우주에 선포하는 것과 동일한 개념이다. 히브리인들에게 나팔은 언제나 경고의 의미와 함께 이제부터 종말 스케줄이 인을 떼는 재앙과 나팔이 일곱 번 울려 경고한대로 대재앙의 심판이 시작됨을 선포하고 있는 것이다. 일곱 번의 나팔 부는 심판의 재앙은 모두 대접을 쏟는 심판의 재앙과 병행적인 관계로 구체화되고 있다는 사실이다.

3. 대접을 쏟는 심판 재앙 설명 : 천사에게 하나님은 진노의 일곱 대접을 땅에 어떻게 하라고 설명하는가? (16:1, 2, 3, 4, 8, 10, 12)

"또 내가 들으니 성전에서 큰 음성이 나서 일곱 천사에게 말하되 너희는 가서 하나님의 진노의 일곱 대접을 땅에 쏟으라 하더라"(16:1)

우리가 대접을 쏟는 심판의 대재앙에서 주목해야 하는 동사는 '쏟다' (엑게오)라는 단어로 이는 이제 심판이 시작되어 구체적으로 펼쳐지고 진행되어 마감하는 실제적인 심판의 대재앙의 총과정을 말하는 것이다. 대접은 심판이 이 땅에 쏟아져서 재앙이 이미 시작되어 진행되고 종결까지 구체적으로 언급되는 실제의 심판의 재앙이다. 대접을 '쏟다' 라는 단어는 실제적인 행위가 진행되는 구체적인 심판의 재앙이다. 그러므로 하나님의 심판의 대재앙이 세 번 나누어서 진행되는 구조가 아니라 한 번의 재앙이 어린양이신 재림주께서 심판의 봉인을 열어 세상에 공개하고 나팔을 불어 심판의 재앙이 스케줄을 따라 시작되고 대접을 쏟아 우주적인 심판이 그대로 질서있게 진행되는 구조이다. 심판의 대재앙이 하나님의 계획된 스케줄을 따라 너무도 완벽하게 진행되고 실행되는 한 번의 심판의 이야기이다.

둘째, 인을 떼는 심판의 재앙 공개 설교

1. 요한이 볼 때 누가 첫째 인을 떼신다고 설명하고 있는가? (1-2절)

"내가 보매 어린양이 일곱 인 중의 하나를 떼시는데 그때에 내가 들으니 네 생물 중의 하나가 우렛소리같이 말하되 오라 하기로 이에 내가 보니 흰 말이 있는데 그 탄 자가 활을 가졌고 면류관을 받고 나아가서 이기고 또 이기려고 하더라"(1-2절)

실제로 성경 기자는 첫 째 인을 뗄 때에 흰말이 무슨 의미가 있는지에 대한 구체적인 설명이 없기 때문에 우리가 굳이 무슨 의미인지 해석하려고 애쓸 필요가 없다. 인을 떼는 심판의 재앙은 공개가 목적이라 표면적인 의미 외에 더 이상의 설명을 하지 않고 있는 것이 특징이다. 다만 흰말 탄자가 활을 가졌고 면류관을 받았고 승리할 것을 선언한 사실에 주목하면 된다. 또 하나의 특징은 인을 떼는 것은 천사들이 하는 것이 아니라 어린양이 직접하고 있다는 사실이다. 결국 마지막 심판에 대하여 공개할 수 있는 분은 바로 어린양이신 예수 그리스도 밖에는 없다는 점이다. 정말 인을 떼는 일이야 말로 주님이 직접 하실 정도로 역사의 새로운 분수령을 넘는 중요한 일이기 때문에 다른 2개의 재앙과는 차원이 다른 사건이 아닐 수 없다. 실로 인을 떼는 심판의 재앙은 종말론 시나리오의 마스터 플랜이기 때문이다.

2. 둘째 인을 떼실 때에 어떤 일이 일어난다고 설명하는가? (3-4절)

"둘째 인을 떼실 때에 내가 들으니 둘째 생물이 말하되 오라 하니 이에 다른 붉은 말이 나오더라 그 탄 자가 허락을 받아 땅에서 화평을 제하여 버리며 서로 죽이게 하고 또 큰 칼을 받았더라"(3-4절)

둘째 인은 심판 때에 허락을 받은 자가 땅에서 평화를 제하고 전쟁이 시작됨을 공개하는 장면이다.

3. 셋째 인을 떼실 때에 어떤 일들이 일어난다고 공개적으로 설명하는가? (5-6절)

"셋째 인을 떼실 때에 내가 들으니 셋째 생물이 말하되 오라 하기로 내가 보니 검은 말이 나오는데 그 탄 자가 자기 손에 저울을 가졌더라"(5절)

셋째 인은 심판 때에 심각한 기근과 곡물 가격이 폭등하는 인플레이션이 일어날 것을 공개하고 있는 장면이다.

4. 넷째 인을 떼실 때에 어떤 일들이 일어난다고 설명하는가? (7-8절)

"내가 보매 청황색 말이 나오는데 그 탄 자의 이름은 사망이니 음부가 그 뒤를 따르더라 그들이 땅 사분의 일의 권세를 얻어 검과 흉년과 사망과 땅의 짐승들로써 죽이더라"(8절)

넷째 인은 심판 때에 사망과 음부의 권세가 있어 대부분의 사람들과 짐승들이 죽을 것을 경고하는 공개를 하고 있다.

5. 다섯째 인을 떼실 때에 어떤 일들이 일어난다고 공개적으로 설명하는가? (11절)

"하나님의 말씀과 그들이 가진 증거로 말미암아 죽임을 당한 영혼들이 제단 아래에 있어 큰 소리로 불러 이르되 거룩하고 참되신 대주재여 땅에 거하는 자들을 심판하여 우리 피를 갚아주지 아니하시기를 어느 때까지 하시려 하나이까"(9-10절)

우리가 여기 다섯째 인을 떼니 아주 흥미로운 사실 하나를 발견할 수 있다. 그것은 순교자들의 영혼들이 천국에서 심판할 것을 요청하고 있다는 사실이다. 그들은 지나간 교회의 역사 속에서 순교한 자들로 천국에서 하나님께 자신들의 피 값을 갚아 달라고 요청하는 천상의 비밀을 공개하는 자리이다. 그러나 주님의 대답이 "아직 순교자가 더 차기까지 기다리라" 고 말씀하고 있는 장면이다. 만약 인 재앙이 실제적인 사건이라면 도저히 해석할 수 없는 일이 벌어지는 사건이다. 왜냐하면 필자가 앞에서 설명한 것처럼 다섯 번째 인을 떼는 행위는 실제적인 심판의 재앙이 아니라는 결정적인 증거 가운데 하나가 된다. 여기 본문은 인을 떼서 천상의 내용을 공개하지만 아직까지 심판이 구체적으로 시작된 것이 아니라 단지 공개한다는 것을 증빙하는 내용에 해당한다고 볼 수 있다. 결국 다섯째 인을 떼는 것은 구체적인 심판의 사건이 아니라 그 내용이 앞으로 이렇게 진행될 것이라는 것을 단지 보여주고 공개하는 것임을 반증하는 내용이다.

6. 여섯째 인을 떼실 때에 어떤 일이 일어난다고 설명하는가? (14절)

"하늘은 두루마리가 말리는 것같이 떠나가고 각 산과 섬이 제 자리에서 옮겨지매"(14절)

우리가 여섯째 인을 떼실 때에 또 한번 흥미로운 사실을 발견하게 된다. 만약 여섯째 인 재앙이 실제적이라고 하면 이때 세상의 종말이 와야 하는 재앙이다. 여섯째 재앙 중에 14절에 보면 "하늘은 두루마리가 말리는 것같이 떠나가고"라고 말하는 것은 21장 1절에 "또 내가 새 하늘과 새 땅을 보니 처음 하늘과 처음 땅이 없어졌고"라는 내용과 정확히 병행되어 세상이 심판으로 없어지고 새 하늘과 새 땅이 창조되어야 하기 때문이다. 그러므로 이 재앙이 실제적이라면 이 때 세상은 이미 없어져야 하기 때문에 인을 떼는 재앙은 실제가 아니라 앞으로 실제 일어날 사건에 대한 내용을 공개해서 알려 주는 심판예고편이다. 결국 인재앙은 천상에서 비밀스럽게 감추어진 심판의 내용이 모든 사람들이 알 수 있도록 지상에 공개하는 장면이 아닐 수 없다.

7. 저자 요한이 인을 떼는 재앙을 본 직후 하나님께 드리는 질문은 무엇인가?

"그들의 진노의 큰 날이 이르렀으니 누가 능히 서리요 하더라"(17절)

저자 요한은 인 재앙이 눈앞에 펼쳐지는 것 같은 환상을 보고 놀라서 하나님께 질문하고 있는 내용이 마지막으로 나온다. 그리고 7장에 요한의 질문에 대한 하나님의 답변을 포함하여 십사만 사천의 문제를 구체적으로 언급하고 있다. 한편 하나님은 진노의 큰 날에 보호받고 통과하는 사람들이 다름 아닌 하나님의 인을 받은 십사만 사천이라고 답변하고 있다.

| 제7장 |

천상의 인을 받은 십사만 사천의 공개

사실 계시록 7, 14장은 이단들의 장이라고 해도 과장된 말이 아니다. 그 이유는 7장과 14장에 나오는 십사만 사천의 사람들이 자신들의 집단이라고 영적인(알레고리칼) 해석과 아울러 자의적인 해석으로 자신들을 위한 것이라고 사유화했기 때문이다. 설상가상으로 교회는 이에 대한 분명한 답변을 하지 못하고 어물어물하는 사이에 이단들이 대형화되고 집단화되어 정치적인 세력으로 변질되고 큰 힘을 발휘함과 동시에 교회의 침묵은 더욱 더 심화되고 있는 현실이다. 현재 이 문제에 대한 정확한 답이 없는 교회의 현실이 더욱 더 마음을 아프게 한다. 이러한 책임은 지나간 교회와 지금의 교회의 지도자들의 몫이 아닐 수 없다. 교회는 당장 입을 열어 이단들의 자기 합리화의 함정이 무엇이며 왜 문제가 있는지에 대한 분명한 제시가 있어야 한다. 그래야 우리가 이단의 미혹에 넘어간 한 영혼이라도 건져낼 수 있기 때문이다. 실제로 우리가 요한의 해석을 그대로 설명할 수만 있어도 이단의 미혹에 넘어갈 수가 없다. 필자는 그런 확신이 있다. 이 교재는 그 어떤 이단에 감염되었다고 할지라도 읽고 배우기만 하면 그들의 손아귀에서 빠져 나와 광명의 길로 나올 것이라 기대하고 있다.

첫째, 이단들이 가장 선호하는 십사만 사천의 진실

1. 하나님이 해석하신 십사만 사천은 과연 누구라고 설명하는가?(7:4)

"내가 인침을 받은 자의 수를 들으니 이스라엘 자손의 각 지파 중에서 인침을 받은 자들이 십사만 사천이니"(7:4)

본문은 저자 요한이 역사 가운데 십사만 사천에 대한 문제로 인해 야기될 수많은 잘못된 해석들을 생각하면서 분명히 그들이 어떤 사람들인가에 대하여 분명하게 해석해 놓은 본문이다. 여기서 저자 요한이 해석해 놓은 것을 가지고 다른 이야기를 하는 것은 자신이 이단이라고 세상에 공개하는 것과 같다. 이단들은 이런 사실을 무시한 후 자신의 집단만이 진정한 십사만 사천의 공동체라고 주장하여 수많은 사람들을 미혹하고 있다. 한편 십사만 사천을 자의적으로 해석해서 2,000년 교회사에 생겼다가 사라진 이단이 수천 그룹 이상이었다. 오직 자신들의 그룹만이 십사만 사천에 해당하니까 빨리 들어오라고 주장하는 것은 나는 이단이니 그렇게 알라고 단정하는 것이라고 보면 틀림없다.

주님께서 요한을 통해서 해석하신 것은 십사만 사천은 그 어떤 다른 사람이 될 수 없고 오직 이스라엘의 열두 지파라고 확정하여 말씀하셨다. 신약 시대의 그 어떤 사람도 십사만 사천 안에 들어가는 것은 불가능하다. 만약 자신의 그룹이 십사만 사천이라고 단정하는 순간 그 집단은 이단이고 하나님의 말씀을 정면으로 거부한 지옥의 백성이라고 세상에 공개하는 것과 같다. 주님은 분명히 십사만 사천은 이스라엘의 열두 지파의 합한 숫자라고 하면서 또 실수하여 자신의 집단이라고 말할 수 있기 때문에 여기에 분명하게 부연 설명을 붙여 열두 지파의 이름을 거명하며 12,000명을 합하면 십사만 사천이라고 단정지어 더 이상 말할 수 있는 여지를 끝내셨다.

2. 십사만 사천이 누구인지 실수하지 말도록 확정 선고한 사람들은 과연 누구라고 구체적으로 설명하는가? (5-8절)

---

1. 유다 지파 중에 인침 받은 자가 일만 이천이요.
2. 르우벤 지파 중에 인침 받은 자가 일만 이천이요
3. 갓 지파 4. 아셀 지파 5. 납달리 지파 6. 므낫세 지파 7. 시므온 지파
8. 레위 지파 9. 잇사갈 지파 10. 스불론 지파 11. 요셉 지파 12. 베냐민 지파

주님이 설명한 이스라엘의 열두지파의 이름 외에는 그 누구도 여기서 십사만 사천이 자신의 그룹이라고 말하는 것은 이단임이 틀림없다. 주님은 그 어디에도 영적인 새 이스라엘 사람이라고 한 적이 없기 때문이다. 주님이 이스라엘의 열두지파의 이름을 구체적으로 언급한 것은 그 어떤 사람이나 단체도 자신들이 십사만 사천이라고 언급하지 못하도록 못을 박아 설명한 예언이라는 사실이다.

둘째, 이스라엘 열두 지파 십사만 사천 외에 이방인 가운데 아무도 셀 수없는 큰 무리

1. 이스라엘의 열두지파인 십사만 사천 외에 주님이 설명하신 내용 중에 전 세계에서 구원 받는 무리는 얼마나 되는가?(9절)

"이 일 후에 내가 보니 각 나라와 족속과 백성과 방언에서 아무도 능히 셀 수 없는 큰 무리가 나와 흰 옷을 입고 손에 종려 가지를 들고 보좌 앞과 어린양 앞에 서서 큰 소리로 외쳐 이르되"(9절)

1) 전 세계 모든 나라에 인침을 받은 자 많다고 해석 "각 나라와"
2) 전 세계 모든 족속에 인침을 받은 자 많다고 해석 "각 족속과"
3) 전 세계 모든 백성에 인침을 받은 자 많다고 해석 "각 백성과"
4) 전 세계 모든 방언에서 인침을 받은 자 많다 해석 "각 방언에서"
5) 전 세계 모든 사람 중에 인침을 받은 자가 능히 셀 수 없는 큰 무리라고 해석

여기서 사도 요한이 아무도 셀 수 없는 큰 무리라고 말하는 것은 혹시 앞부분에서 십사만 사천에 대하여 오해하고 잘못 해석하지 못하도록 그 숫자가 너무 많아 인간은 헤아릴 수 없다고 단정하는 자리이다. 그럼에도 불구하고 수많은 이단들은 자신들의 그룹이 십사만 사천에 해당한다고 주장하는 것은 너무나 불쌍한 절규가 아닌가 싶다. 물론 그들은 자신들의 설자리가 없으니까 그렇게라도 억지로 꿰 맞추어 놓아야 자기 집단에 들어올 사람들이 있기 때문에 십사만 사천에 집착하는 것은 스스로 자신들이 이단이라고 단정하는 수순이기 때문에 더 이상 책망할 마음은 없다. 우리가 잊지 말아야 할 것은 이스라

엘의 열두 지파인 십사만 사천과 함께 이방인 중에 예수로 말미암아 구원 받은 숫자가 아무도 셀 수 없는 큰 무리라는 사실이다.

그러면 십사만 사천이라는 제한적인 숫자를 정확하게 언급하신 이유는 과연 무엇인가?

구원은 하나님만 가지고 있는 주권 문제에 해당한다. 그 누구도 하나님의 주권 문제인 누가 구원 받을 것인가에 대하여 말하는 행위는 이단적인 발상이라고 단정할 수 있다.

셋째, 구원 받은 아무도 셀 수 없는 큰 무리가 천상에서 무엇을 하는가?(9-10절)

"흰 옷을 입고 손에 종려 가지를 들고 보좌 앞과 어린양 앞에 서서 큰 소리로 외쳐 이르되 구원하심이 보좌에 앉으신 우리 하나님과 어린양께 있도다"(9-10절)

그들은 하나님과 어린양을 큰 소리로 찬양하며 영광을 돌리고 있다. 그들이 손에 천국의 유일한 나무 중의 하나인 종려나무를 들고 있는데 그 이유는 과연 무엇인가?(요12:12-13)

"그 이튿날에는 명절에 온 큰 무리가 예수께서 예루살렘으로 오신다는 것을 듣고 종려나무 가지를 가지고 맞으러 나가 외치되 호산나 찬송하리로다 주의 이름으로 오시는 이 곧 이스라엘의 왕이시여 하더라"(요12:12-13)

2. 천상의 예배의 특징은 무엇인가?(12절)

"아멘! 찬송과 영광과 지혜와 감사와 존귀와 권능과 능력과 힘이 우리 하나님께 세세토록 있을지어다 아멘!"(12절)

천상의 예배가 아멘으로 시작하여 아멘으로 끝나는 것은 그 어떤 인간적인 요소가 배제되고 오직 아멘만 할 수 있는 것이 특징이다. 또한 병행적인 표현으로 감사가 가장 중앙에 들어 있는 것은 천상의 예배의 중심이 무엇인지를 알려준다. 천상의 예배가 아멘으로 시작하여 그 중앙에 감사를 드리다가 마지막에 다시 아멘으로 끝나는 이상적인 형태의 예배를 장로들과 천사들이 우리를 대신해 드리고 있다. 그 천상의 예배가 다시 지상의 예배에서 병행되도록 드리는 것이 하나님이 기뻐하시는 진정한 예배이다.

3. 장로 중 하나가 요한에게 이 흰 옷을 입은 자들은 누구며 또 어디서 왔다고 말하고 있는가?(13-14절)

"내가 말하기를 내 주여 당신이 아시나이다 하니 그가 나에게 이르되 이는 큰 환란에서 나오는 자들인데 어린양의 피에 그 옷을 씻어 희게 하였느니라.(13-14절)

4. 그 사람들이 천상에서 하는 일은 무엇이며 천상은 어떤 곳인가?(15-16절)

"그러므로 그들이 하나님의 보좌 앞에 있고 또 그의 성전에서 밤낮 하나님을 섬기매 보좌에 앉으신 이가 그의 위에 장막을 치시리니 그들이 다시는 주리지도 아니하며 목마르지도 아니하고 해나 아무 뜨거운 기운에 상하지도 아니하리니(15-16절)"

5. 천상의 목자는 누구인가?(17절)

"이는 보좌 가운데서 계신 어린양이 그들의 목자가 되사 생명수 샘으로 인도하시고 하나님께서 그들의 눈에서 모든 눈물을 씻어 주실 것임이라"(17절)

| 제8장 |

나팔 부는 심판의 재앙 1

첫째, 일곱째 인을 떼실 때에 어떤 사건이 일어나는가?(8:1)

"일곱째 인을 떼실 때에 하늘이 반 시간쯤 고요하더니"(8:1)

마지막 일곱째 인을 떼는 과정에서 하늘이 반 시간쯤 고요한 이유는 바로 다음에 등장하는 성도들의 기도를 담은 제단 앞의 금향로 때문으로 여겨진다. 이것은 제사장이 성전에서 제사를 드릴 때 성소에서 향을 피울 때의 반 시간과 병행이 되고 있다. 이것은 오전에 제사장이 성전에 향을 피울 때 그 시간이 반 시간이라는 사실에 근거하여 하늘에서 마지막 인을 떼실 때에 하늘도 침묵하는 것으로 볼 수 있다. 이 침묵은 성도의 기도가 보좌 앞에 상달되는 시간과 병행되고 있다는 사실이다.

1. 이 땅에서 천상의 금 제단으로 올라가는 것이 성도의 무엇인가?(3-5절)

"또 다른 천사가 와서 제단 곁에 서서 금향로를 가지고 많은 향을 받았으니 이는 모든 성도의 기도와 합하여 보좌 앞 금 제단에 드리고자 함이라 향연이 성도의 기도와 합하여 천사의 손으로부터 하나님 앞으로 올라가는지라 천사가 향로를 가지고 제단의 불을 담아다가 땅에 쏟으매 우레와 음성과 번개와 지진이 나더라"(3-5절).

여기서 인간의 기도가 불완전하기 때문에 천사가 금향로에 담은 것은 결코 아니다. 하지만 성도의 기도가 하나님께 상달되도록 천사는 돕는 역할을 하는 것이다. 비록 본문이 구약의 희생 제사를 배경으로 하지만 주목할 것은 성도의 기도가 제사와 상관없이 하나님께 직접 상달된다는 사실이다. 여기서 저자 요한이 우리에게 말하고 싶은 의도는 기도가 마지막 심판의 재앙과 연계되고 병행이 되고 있다는 점이다. 주님께 성도의 기도가 직접 상달되기도 하지만 직접 응답도 받는다. 그러나 응답을 받지 못하는 기도에 관한 문제에 대하여 저자 요한은 해석하고 있다는 사실이다. 응답을 받지 못한 기도는 하나님께 금 대접에 담겨 하나님 앞에 올라갔다가 마지막 심판 때 대접을 땅에 쏟아 그 강도를 더욱 심하게 촉진시킨다는 놀라운 사실이다. 여기서 주님은 성도의 기도를 종말론 심판의 현상에 결부시킴으로써 마지막 심판 때에 매우 중요한 역할을 감당한다. 이는 계시록 6장 10절에 다섯째 인을 떼실 때에 순교자의 기도가 심판의 도구가 되어 본문과 병행을 이루어 설명하고 있다. 오늘 성도들의 기도가 마지막 심판 때에 도구로 중요한 역할을 하는 것을 보면서 우리의 기도가 얼마나 중요한지를 깨닫게 된다.

둘째, 나팔 부는 것은 심판의 재앙이 시작됨을 의미한다. (8:7-13)

1. 첫째 천사가 나팔을 불 때 무엇이 하늘에서 쏟아지는가?(7절)

"첫째 천사가 나팔을 부니 피 섞인 우박과 불이 나와서 땅에 쏟아지매 땅의 삼분의 일이 타 버리고 수목의 삼분의 일도 타버리고 각종 푸른 풀도 타 버렸더라"(7절)

첫째 나팔의 심판 재앙은 피 섞인 우박과 불로 인해서 세상의 삼분의 일이 타 버린다.

2. 둘째 천사가 나팔을 불 때 무엇이 바다에 떨어지는가?(8-9절)

"둘째 천사가 나팔을 부니 불 붙는 큰 산과 같은 것이 바다에 던져지매 바다의 삼분의 일이 피가 되고 바다 가운데 생명 가진 피조물들의 삼분의 일이 죽고 배들의 삼분의 일이 깨지더라"(8-9절)

둘째 나팔의 심판 재앙은 불 붙은 큰 산이 바다에 던져지매 바다의 삼분의 일의 생명들이 죽임을 당하는 일이 시작됨을 알린다.

3. 셋째 천사가 나팔을 불 때 무엇이 떨어지는가?(10-11절)

"셋째 천사가 나팔을 부니 횃불같이 타는 큰 별이 하늘에서 떨어져 강들의 삼분의 일이 여러 물 샘에 떨어지니 이 별의 이름은 쓴 쑥이라 물이 삼분의 일이 쓴 쑥이 되매 그 물이 쓴 물이 되므로 많은 사람이 죽더라"(10-11절)

셋째 나팔을 불 때 큰 별이 땅에 떨어져 많은 사람들이 죽는 일이 시작된다고 설명하고 있다.

4. 넷째 천사가 나팔을 불 때 무엇이 떨어지는가?(12절)

"넷째 천사가 나팔을 부니 해 삼분의 일과 달 삼분의 일과 별 삼분의 일이 타격을 받아 그 삼분의 일이 어두워지니 낮 삼분의 일은 비추임이 없고 밤도 그러하리라"(12절)

넷째 나팔을 불 때 해, 달, 별 삼분의 일이 깨져 천재지변이 시작될 것을 알려 준다.

| 제9장 |

나팔 부는 심판의 재앙 2

첫째, 다섯째 나팔을 불어 시작되는 심판은 무엇인가?(9:1-21)

1. 다섯째 천사가 나팔을 불 때 일어나는 일은 무엇인가?(9:1절)

"다섯째 천사가 나팔을 불매 내가 보니 하늘에서 땅에 떨어진 별 하나가 있는데 그가 무저갱의 열쇠를 받았더라"(9:1절)

땅에 떨어진 별 하나가 무저갱(지옥)의 열쇠를 받았다.

2. 그 별이 무저갱을 열 때 누가 나온다고 설명하는가?(2-3절)

"그가 무저갱을 여니 그 구멍에서 큰 화덕의 연기가 올라오고 … 또 황충이 연기 가운데서 땅위에 나오매 그들이 땅에 있는 전갈의

권세와 같은 권세를 받았더라"(2-3절)

무저갱이 열리고 황충이 그곳에서 나와서 사람들을 해한다.

3. 그 황충의 할 일은 무엇인가?(4절)

"그들에게 이르시되 땅의 풀이나 푸른 것이나 각종 수목은 해하지 말고 오직 이마에 하나님의 인을 받지 아니한 사람들만 해하라 하시더라"(4절)

황충의 할 일은 하나님의 인침을 받은 종들을 빼고 사탄의 표를 받은 사람들만 골라 해하는 사명을 받았다.

4. 황충이 사탄의 사람들을 해하지만 그 한계는 무엇인가?(5절)

"그러나 그들을 죽이지는 못하게 하시고 다섯 달 동안 괴롭게만 하게 하시는데 그 괴롭게 함은 전갈이 사람을 쏠 때에 괴롭게 함과 같더라"(5절)

황충은 사람들을 죽이지는 못하지만 괴롭게 하는데 차라리 죽는 것이 낫다고 생각할 정도의 괴로움이라고 설명한다.

5. 황충의 왕은 누구라고 설명하는가?(11절)

"그들에게 왕이 있으니 무저갱의 사자라 히브리어로는 그 이름이 아바돈이요 헬라어로는 그 이름이 아볼루온이더라"(11절)

무저갱인 지옥에서 올라온 영적 존재지만 악령으로 설명하고 있는 황충에게 왕이 있는데 그 왕은 무저갱의 사자로 그 이름이 아바돈이라고 설명하고 있다.

둘째, 여섯째 나팔을 불어 시작되는 심판의 재앙은 무엇인가?(13-21절)

1. 여섯째 천사가 나팔을 불 때 천상에 어떤 일이 일어난다고 설명하는가?(13절)

"여섯째 천사가 나팔을 불매 내가 들으니 하나님 앞 금 제단 네 뿔에서 한 음성이 나서"(13절)

2. 여섯째 천사가 큰 강 유브라데에서 무엇을 하라는 명령을 받았는가?(14절)

"나팔 가진 여섯째 천사에게 말하기를 큰 강 유브라데에 결박한 네 천사를 놓아 주라 하매"(14절)

3. 결박이 풀린 네 천사가 하는 일이 무엇이라고 설명하는가?(15절)

"네 천사가 놓였으니 그들은 그 년 월 일 시에 이르러 사람 삼분
의 일을 죽이기로 준비된 자들이더라"(15절)

4. 큰 강 유브라데에 모인 마병대의 숫자는 몇 명이라고 설명하는가?(16절)

"마병대의 수는 이만 만이니 내가 그들의 수를 들었노라"(16절)

5. 삼분의 일의 사람들을 죽이기로 사명을 받은 천사들의 입에서 나오는 것은 무엇인가?(18절)

"이 세 재앙 곧 자기들의 입에서 나오는 불과 연기와 유황으로 말
미암아 사람 삼분의 일이 죽임을 당하니라"(18절)

6. 이 재앙에 죽지 않고 남은 자들이 도리어 무엇을 하지 않는다고 설명하는가?(20-21절)

"이 재앙에 죽지 않고 남은 사람들은 손으로 행한 일을 회개하지
아니하고 오히려 여러 귀신과 또 눈으로 보거나 듣거나 다니거나
하지 못하는 금, 은, 동과 목석의 우상에게 절하고 또 그 살인과 복
술과 음행과 도둑질을 회개하지 아니하더라"(20-21절)

| 제10장 |

작은 두루마리 성경

첫째, 힘 센 다른 천사가 그 손에 들고 있는 것은 무엇인가?(1-2절)

"그 손에는 펴 놓인 작은 두루마리를 들고 그 오른발은 바다를 밟고 왼 발은 땅을 밟고"(2절)

둘째, 천지를 창조하시고 만물의 주인이신 하나님께서 그 천사를 통하여 전하는 메시지는 무엇인가? (6-7절)

"세세토록 살아 계신 이 곧 하늘과 그 가운데에 있는 물건이며 바다와 그 가운데에 있는 물건을 창조하신 이를 가리켜 맹세하여 이르되 지체하지 아니하리니 일곱째 천사가 소리 내는 날 그의 나팔

을 불려고 할 때에 하나님이 그의 종 선지자들에게 전하신 복음과 같이 하나님의 그 비밀이 이루어지리라 하더라"(6-7절)

1) 지체하지 않겠다는 메시지
2) 그의 종 선지자들이 전한 복음과 같이 하나님의 비밀이 성취된다고 선언

셋째, 그 천사가 사도 요한에게 어떤 명령을 하는가?(8절)

"하늘에서 나서 내게 들리던 음성이 또 내게 말하여 이르되 네가 가서 바다와 땅을 밟고 서 있는 천사의 손에 펴 놓인 두루마리를 가지라 하기로"(8절)

넷째, 그 천사의 계속된 명령은 무엇이며 어떤 일이 일어난다고 설명하는가?(9절)

"내가 천사에게 나아가 작은 두루마리를 달라 한즉 천사가 이르되 갖다 먹어 버리라 네 배에는 쓰나 네 입에는 꿀같이 달리라 하거늘"(9절)

다섯째, 사도 요한이 작은 두루마리를 명령대로 먹자 어떤 일이 일어나는가?(10절)

"내가 천사의 손에서 작은 두루마리를 갖다 먹어 버리니 내 입에는 꿀같이 다나 먹은 후에 내 배에서는 쓰게 되더라"(10절)

여섯째, 결국 두루마리를 먹은 결과 입에는 달고 배에는 쓴 것은 무엇이라고 설명하는가?(11절)

"그가 내게 말하기를 네가 많은 백성과 나라와 방언과 임금에게 다시 예언하여야 하리라 하더라"(11절)

여기서 이 두루마리를 가져다 먹어 '버리라'는 헬라어 '카테스띠오'인데 이는 명령형 동사이다. 주님이 명령형 동사를 저자 요한에게 쓴 이유는 절대적인 순종을 의미한다. 이는 주님의 명령이 취사선택을 하는 것이 아니라 무조건 순종해서 가져다가 먹어야 하는 절대적인 요구이다. 주님이 저자 요한에게 하나님의 말씀을 먹으라는 뜻은 '내 것으로 완전히 소화하여 내 능력이 되게 하라'는 의미이다. 하나님의 말씀은 단순히 듣는 차원이 아니라 우리의 입으로 먹이시 소화를 시키고 내 삶에 말씀이 드러나야 한다는 의미이다. 이것은 우리의 삶에 하나님의 말씀이 주인이 되도록 의식화 훈련이 되어야 한다는 뜻이다. 마지막 때에는 단순히 성도가 되는 정도로는 이 시대를 이길 수 없다. 그러므로 하나님의 말씀이 내 것이 되어 말씀으로 무장된 영적성장의 거장이 되어야 한다는 말씀이다.

하나님의 말씀은 입에서는 꿀같이 달지만 배에서는 소화되는 과정을 통해서 쓴 경험을 가져야 됨을 말하고 있다. 하나님의 말씀은 입으로는 천사와 같이 될 수 있다. 하지만 그것이 내 배에서 소화되는 과정에서 쓰다고 한 것은 말씀대로 사는 것이 결코 쉽지 만은 않다는 것을 비유하고 있다. 입에 단 것보다는 입에서 쓴 것들이 내 몸에 더 좋은 한약과 같은 비유로 말할 수 있다. 실제로 저자 요한이 입에 먹을 때는 꿀같이 달았지만 배에서는 쓰게 되었다고 자기 경험을 그대로 고백하고 있다. 역사적으로 유대인들은 다윗 왕이 '하나님의 말씀이 내 입의 송이 꿀보다 달도다' 라고 고백한 것과 같은 경험들을 했다. 하지만 그 하나님의 말씀이 삶의 의식화 작업이 되고 그대로 살아가는 것은 힘겨운 영적 싸움이라고 고백하고 있다. 역사적으로 유대인들은 하나님의 말씀을 그대로 입으로 암송하고 배에서 소화시키는 과정이 결코 쉬운 일이 아닌 것을 삶으로 증명했다. 주님은 저자 요한에게 간접적으로 명령하여 하나님의 말씀이 입에서 테필린의 방법으로 삶의 의식화의 단계까지 발전할 것을 명령하고 있는 것이다.

| 제11장 |

두 증인

첫째, 두 증인은 누구라고 설명하는가? (1-14절)

1. 거룩한 성이 얼마동안 이방인에게 짓밟히게 된다고 설명하는가? (2절)

"성전 바깥 마당은 측량하지 말고 그냥 두라 이것은 이방인에게 주었은즉 그들이 거룩한 성을 마흔두 달 동안 짓밟으리라"(11:2절)

2. 주님은 마지막 때 권세를 받은 두 증인이 얼마동안 예언한다고 하셨는가?(3절)

"내가 나의 두 증인에게 권세를 주리니 그들이 굵은 베옷을 입고 천이백 육십 일을 예언하리라"(3절)

이방인이 성전 마당을 짓밟는 기간인 마흔두 달 동안과 두 증인이 예언하는 천 이백 육십 일은 병행구조로 동일한 기간이다. 계시록에 나타나는 숫자 중에 마흔두 달이나 천이백육십 일과 삼년 반, 그리고 한 때 두 때 반 때, 두 증인이 죽은 사흘 반(11:11)은 모두 같은 기간을 말하는 의미적으로 병행에 해당되는 내용이다. 이 기간에 하나님의 성전이 더렵혀지고 동시에 하나님의 종들은 말씀을 전하면서 핍박을 받게 되는 종말의 급박한 시대에 해당한다. 물론 주님의 심판의 대환란도 이 기간에 속하는 삼년 반에 속한다. 이 기간 동안 주님이 역사 이래로 심판의 대환란과 마지막 추수를 시작하는 기간이다. 이렇게 계시록은 같은 기간 안에 다양한 일들이 동시에 일어나는 것을 각기 다른 방향에서 기록하고 숫자를 말하는 것을 볼 수 있다. 우리가 계시록을 잘 읽고 이해하기 위해서는 이런 병행적인 표현들과 상징들에 대한 자체의 해석을 그대로 받을 때에 가능한 일이다.

3. 두 증인은 누구라고 주님께서 해석해서 설명하고 있는가?(4절)

"그들은 이 땅의 주 앞에 서있는 두 감람나무와 두 촛대니"(4절)

주님은 두 증인이 누구인지에 대한 분명한 해석을 하고 있다. 이는 두 감람나무와 두 촛대라고 말씀 하셨다. 주님은 마지막 때에 두 증인에게 권세를 주어 예언하도록 하신다고 말씀하셨다. 그러면 과연 두 증인은 누구인가를 아는 것이 중요하다. 주님은 친절하게 두 증인에 대하여 해석하고 계신다. 저자 요한의 해석에 따르면 그들은 이 땅의 주 앞에 서 있는 두 감람나무와 두 촛대라고 말씀 하셨다. 한 가지 주님의 해석을 적용하면 두 촛대는 바로 해결할 수 있다. 촛대에 대한 해석은 주님께서 1장 20절에 분명히 교회라고 말씀하셨기 때문에 두 증인은 두 교회라는 적용이 가능해 진다. 그러나 그 두 교회가 과연 무엇인지는 다시 해석하지 않고 침묵하고 있다. 우리의 답답함이 여기에 있다. 과연 우리가 또 다시 그 교회가 무엇인지 해석을 해야 하는가의 문제이다.

주님은 다시 한 번 두 증인이 누구인가에 대하여 호칭의 변화를 통한 해석을 시도하고 있다. 그것은 11장 10절에 '두 선지자' 라는 말로 두 증인의 호칭이 병행적으로 표현하여 바뀐 것을 볼 수 있다. 결국 두 증인은 두 선지자라고 할 수 있다. 이런 호칭의 변화는 그들이 하는 사역이 삼 년 반 동안 예언하는 일이기 때문에 어쩌면 당연한 호칭일 수밖에 없다. 그들은 구약의 선지자들이 선포한 예언을 마지막 때 가장 큰 재앙이 있는 기간에 복음을 진해야하는 사명이 있다. 그런 면에서 두 증인은 두 선지자이고 또한 주님의 해석대로 두 교회이다. 따라서 두 교회의 사명이 바로 마지막 때에 최후까지 복음을 전하는 사역을 감당해야 한다. 두 교회의 병행적인 주님의 설명은 주의 종과 교회라는 도식이다. 그러므로 두 교회는 그 교회의 사자와 교회가 마지막 때 예언의 사명을 다해야 한다.

4. 두 증인에게 임한 능력은 무엇이라고 설명하는가? (5절)

"만일 누구든지 그들을 해하고자 하면 그들의 입에서 불이 나와서

그들의 원수를 삼켜 버릴 것이요 누구든지 그들을 해하고자 하면 반드시 그와 같이 죽임을 당하리라"(5절)

5. 두 증인이 행한 권능 두 가지는 무엇인가? (6절)

"그들이 권능을 가지고 하늘을 닫아 그 예언을 하는 날 동안 비가 오지 못하게 하고 또 권능을 가지고 물을 피로 변하게 하고 아무 때든지 원하는 대로 여러 가지 재앙으로 땅을 치리로다"(6절)

1) 엘리야 선지자의 사역 암시 "하늘을 닫아 그 예언을 하는 날 동안 비가 오지 못하게 하고"

2) 모세 선지자의 사역 암시 "물을 피로 변하게 하고 아무 때든지 원하는대로 여러 가지 재앙으로 땅을 치리로다"

한편 본 절에서 엘리야의 사역을 암시하는 내용이 나오고 바로 이어 모세 선지자의 사역을 암시하는 내용이 나오는 것을 볼 수 있다. 이런 이유로 인해 두 증인을 모세와 엘리야 선지자로 해석하는 부류의 사람들도 있다. 정말 모세 선지자가 사역한 병행 구절이 나오고 엘리야 선지자가 사역한 기적이 병행되는 것을 사실이다. 하지만 그것을 가지고 두 증인을 해석하는 것은 너무나 아전인수격인 해석이 아닐 수 없다. 주님이 직접 해석하는 확실한 설명이 있는데도 말이다. 따라서 우리가 성경을 해석할 때 본질적인 내용과 비본질적인 내용의 구분을 할 줄 아는 안목은 너무나 중요하다고 할 수 있다. 이 기적의 암시는 단지 모세와 엘리야의 기적과 같은 내용과 일치하는 것이지 그들과는 완전히 다른 신약 시대 중에도 마지막 때 되어질 내용이기 때문이다.

6. 두 증인의 사명이 끝나자 누가 그들을 죽이는가? (7절)

"그들이 그 증언을 마칠 때에 무저갱으로부터 올라오는 짐승이 그들과 더불어 전쟁을 일으켜 그들을 이기고 그들을 죽일 터인즉"(7절)

짐승이 전쟁에서 승리하고 두 증인이 십자가의 자리에서 순교로 죽임을 당한다.

7. 두 증인의 시체가 있는 곳이 과연 어디인가? (8절)

"그들의 시체가 큰 성 길에 있으리니 그 성은 영적으로 하면 소돔이라고도 하고 애굽이라고도 하니 곧 그들의 주께서 십자가에 못 박히신 곳이라"(8절)

8. 두 증인에 대한 호칭이 무엇으로 바뀌는가? (10절)

"두 선지자가 땅에 사는 자들을 괴롭게 한고로 땅에 사는 자들이 그들의 죽음을 즐거워하고 기뻐하며 서로 예물을 보내리라 하더라"(10절)

9. 그들이 순교 당한 두 증인을 얼마동안 장례를 치르지 못하게 하는가?(9절)

"백성들과 족속과 방언과 나라 중에서 사람들이 그 시체를 사흘 반 동안을 보며 무덤에 장사하지 못하게 하리로다"(9절)

9. 두 증인의 시체는 삼일 반 후에 어떤 일이 일어난다고 설명하는가? (11절)

"삼 일 반 후에 하나님께로부터 생기가 그들 속에 들어가매 그들이 발로 일어 서니 구경하는 자들이 크게 두려워하더라"(11절)

10. 다시 살아난 두 증인이 어디로 올라 간다고 설명하는가? (12절)

"하늘로부터 큰 음성이 있어 이리로 올라오라 함을 그들이 듣고 구름을 타고 하늘로 올라가니 그들의 원수들도 구경하더라"(12절)

11. 두 증인이 하늘로 올라간 직후 땅에는 어떤 일이 일어나는가? (13절)

"그때에 큰 지진이 나서 성 십분의 일이 무너지고 지진에 죽은 사람이 칠천이라 그 남은 자들이 두려워하여 영광을 하늘의 하나님께 돌리더라"(13절)

둘째, 일곱째 나팔을 불 때의 내용과 설명은 무엇이라고 설명하는가?(15-19절)

1. 일곱째 나팔을 불 때 하늘에서 선포된 내용은 무엇인가? (15절)

"일곱째 천사가 나팔을 불매 하늘에 큰 음성들이 나서 이르되 세상 나라가 우리 주와 그의 그리스도의 나라가 되어 그가 세세토록 왕노릇 하시리로다 하니"(15절)

일곱째 나팔을 불 때는 재앙의 문제가 아니라 하늘이 열리고 하늘의 선포 메시지가 이 땅에 보내지는 것으로 대신하고 있다. 결국 일곱째 나팔은 주님의 재림이 시작되기 전에 하늘에서는 찬양과 경배의 사역이 진행되고 있다는 사실을 세상에 알리는 것이다. 결국 일곱째 나팔을 부는 것은 직접적인 재앙이 아니라 이제부터 재앙이 시작된다고 선포하는 일종의 신전포고와 같은 의미이다. 이제부터 세상 나라가 그리스도의 나라가 되어 그가 세세토록 왕노릇 한다고 세상에 선포하는 의식이 진행되고 있다.

2. 이십사 장로들이 하늘에서 선포한 메시지는 무엇인가?(16-18절)

1) 불신자에 대한 심판

2) 하나님을 경외하는 자에게 주시는 상급

3. 일곱째 나팔을 부니 하늘에서 무슨 일이 일어난다고 설명하는가? (19절)

"이에 하늘에 있는 하나님의 성전이 열리니 성전 안에 하나님의 언약궤가 보이며 또 번개와 음성들과 우레와 지진과 큰 우박이 있더라"(19절)

일곱째 나팔은 새로운 세상의 시작을 알리는 선포식이면서 동시에 세상을 완전히 심판하시는 일련의 사건들이 일어나고 있다.

| 제12장 |

하늘의 영적 전쟁 공개 설명

첫째, 하늘의 큰 이적은 무엇이라고 설명하는가?(1절)

"하늘에 큰 이적을 보이니 해를 옷 입은 한 여자가 있는데 그 발 아래에는 달이 있고 그 머리에는 열두 별의 관을 썼더라"(1절)

1. 이 여자가 하는 일은 무엇이라고 설명하는가?(2절)

"이 여자가 아이를 배어 해산하게 되매 아파서 애를 쓰며 부르짖더라"(2절)

2. 그 여자가 낳은 아들은 누구라고 설명하는가?(5절)

"여자가 아들을 낳으니 이는 장차 철장으로 만국을 다스릴 남자라 그 아이를 하나님 앞과 그 보좌 앞으로 올려가더라"(5절)

1) 메시야의 권세 "철장으로 만국을 다스릴 남자라"
2) 메시야의 나라 "하나님 앞과 그 보좌 앞으로 올려가더라"

3. 그 여자는 광야로 도망가서 얼마동안 숨어 있는가?(6절)

"그 여자가 광야로 도망하매 거기서 천이백육십 일 동안 그를 양육하기 위하여 하나님께서 예비하신 곳이 있더라"(6절)

둘째, 하늘에 또 다른 이적은 무엇이라고 설명하는가?(3절)

"하늘에 또 다른 이적이 보이니 보라 한 큰 붉은 용이 있어 머리가 일곱이요 뿔이 열이라 그 여러 머리에 일곱 왕관이 있는데"(3절)

4. 큰 용이 하는 일은 무엇이라고 설명하는가?(4절)

"그 꼬리가 하늘의 별 삼분의 일을 끌어다가 땅에 던지더라 용이 해산하려는 여자 앞에서 그가 해산하면 그 아이를 삼키려고 하더니"(4절)

셋째, 하늘의 영적 전쟁 공개 설명

1. 하늘의 전쟁은 어떤 존재들이 싸우며 그 전쟁의 결과를 어떻게 설명하는가?(7절)

"하늘에 전쟁이 있으니 미가엘과 그의 사자들이 용과 더불어 싸울새 용과 그의 사자들도 싸우나"(7절)

2. 큰 용이 싸움에서 지고 어디에서 쫓겨 났다고 설명하는가?(8절)

"이기지 못하여 다시 하늘에서 그들이 있을 곳을 얻지 못한지라"(8절)

3. 큰 용의 정체가 무엇이라고 공개적으로 설명하는가?(9절)

"큰 용이 내쫓기니 옛 뱀 곧 마귀라고도 하고 사탄이라고도 하며 온 천하를 꾀는 자라 그가 땅으로 내쫓기니 그의 사자들도 함께 내쫓기니라"(9절)

3. 큰 용이 하늘에서 내어 쫓길 때 하늘에 선포된 내용은 무엇인가?(10절)

"내가 또 들으니 하늘에 큰 음성이 있어 이르되 이제 우리 하나님

의 구원과 능력과 나라와 또 그의 그리스도의 권세가 나타났으니 우리 형제들을 참소하던 자 곧 우리 하나님 앞에서 밤낮 참소하던 자가 쫓겨났고"(10절)

4. 주님이 십자가에서 이기신 내용을 사탄과 어떻게 연결하여 설명하는가?(11절)

"또 우리 형제들이 어린양의 피와 자기들이 증언하는 말씀으로써 그를 이겼으니 그들은 죽기까지 자기들의 생명을 아끼지 아니하였도다"(11절)

여기서 '이겼으니'는 과거 완료 시제로 이는 주님이 십자가에서 죽으시고 부활하시는 순간 사탄과의 영적 전쟁에서 승리했다는 말씀이다. 이 말씀은 창세기 3장 15절에 예언되어 있는 메시야가 그의 피로 사탄의 권세를 이긴다고 약속한 것에 대하여 성취되어진 구절이다. 이는 사탄이 십자가와 부활로 패배하였음을 증명하는 구절이다. 정말 사탄이 십자가에서 결박되었음을 증명할 수 있는 근거가 여기에 있다. 사탄이 예수 그리스도께서 지신 십자가로 말미암아 패배하였기 때문에 성도의 영적싸움은 이미 승리한 싸움을 전제하고 전투한다. 성도가 영적 전쟁을 할 때마다 승리할 수 있는 근거가 여기에 있다.

5. 하지만 이 땅은 큰 용과 그 사자들 때문에 어떤 일이 일어나는가?(12절)

"그러므로 하늘과 그 가운데에 거하는 자들은 즐거워하라 그러나

땅과 바다는 화 있을진저 이는 마귀가 자기의 때가 얼마 남지 않은 줄 알므로 크게 분내어 너희에게 내려 갔음이라 하더라"(12절)

마귀가 이 땅으로 쫓겨난 때부터 이 땅에는 성도들과 악한 영의 세력과의 영적 전쟁의 대 격전장이 되었다. 이때부터 악한 영들은 자기 때가 얼마 남지 않은 줄을 알고 우는 사자같이 삼킬 자를 찾아 헤매고 있다.

6. 사탄이 이 땅에 쫓겨 난 후 누구를 핍박한다고 설명하는가?(13절)

"용이 자기가 땅으로 내쫓긴 것을 보고 남자를 낳은 여자를 박해하는지라"(13절)

7. 하지만 그 여자가 광야 자기 곳에서 얼마동안 양육을 받는다고 설명하는가?(14절)

"그 여자가 큰 독수리의 두 날개를 받아 광야 자기 곳으로 날아가 거기서 그 뱀의 낯을 피하여 한 때와 두 때와 반 때를 양육 받으매"(14절)

8. 사탄이 결국 그 여자를 포기하고 마지막으로 어떤 일을 한다고 설명하는가?(17절)

"용이 여자에게 분노하여 돌아가서 그 여자의 남은 자손 곧 하나님의 계명을 지키며 예수의 증거를 가진 자들과 더불어 싸우려고 바다 모래 위에 서 있더라"(17절)

1) 구약의 개념 "그들은 하나님의 계명을 지키며"
2) 신약의 개념 "예수의 증거를 가진 자들"

여기서 우리가 볼 때 그 여자와 그 여자의 남은 자손이 다르다는 것을 알 수 있다. 그 여자는 분명히 예수 그리스도가 이스라엘의 구약 교회를 통해서 이 땅에 오셨다는 것을 보면 틀림없다. 성경은 그것을 그 여자가 낳은 아들이라고 상징적인 해석을 하고 있다. 분명히 아들은 메시야가 틀림없는데 그 여자가 누구냐는 것이다. 한편 천주교에서는 그 여자가 예수의 어머니 마리아라고 해석을 한다. 하지만 이런 해석은 전체적인 설교의 흐름을 볼 때 너무나 지엽적인 경향을 드러내고 있다. 그 여자는 개인이 될 수 없다. 그 여자는 예수 그리스도를 이 땅에 보낸 구약의 이스라엘 교회 공동체라고 보면 무리가 없다. 이는 창세기 3장 15절에서 보면 '뱀 즉 사탄과 여자의 후손과 원수' 가 되게 한다고 예언하고 있다. 분명한 것은 '여자의 후손' 이라고 할 때 그 대상은 분명히 메시야를 염두에 두신 말씀이다. 이는 '여자의 후손' 이라고 할 때 그 공동체가 개인을 지칭하는 것이 아니라 이스라엘 공동체를 지칭하는 성경 해석학의 원리를 적용할 수 있기 때문이다.

그리고 그 여자와 그 여자의 남은 자손이 누구인지 분명하게 해석하고 있다. 그들의 정체성에 대한 설명으로 우리는 신약 교회의 성도임을 알 수 있다. 왜냐하면 하나님의 계명을 지키며 즉 구약의 계명과 더불어 예수의 증거를 가진 자 곧 신약의 성도 들이라고 확실히 증언하고 있기 때문이다. 먼저 저자 요한의 해석을 우리가 그대로 받으면 무리가 없다. 그것은 그들은 하나님의 계명을 지키며 예수의 증거를 가진 자들이라고 저자 요한은 해석하고 있다. 먼저 그 여자의 남은 자손이 하나님의 계명을 지킨다고 전제하고 있다. 이는 그들이 하나님의 계명을 지킨다고 하는 것은 구약의 율법을 지키는 자들이라고 해석한다는 점이다. 그리고 이어서 신약의 성경에 충족이 필요한 예수의 증거를 가진 자들은 신약의 요구라는 점이다. 그리고 14:12절에도 병행구절이 동일하게 등장한다. 이는 "성도들의 인내가 여기 있나니 그들은 하나님의 계명과 예수에 대한 믿음을 지키는 자들이라" 고 동일하게 말씀하고 있다.

| 제13장 |

두 짐승의 정체

첫째, 바다에서 올라오는 한 짐승은 어떤 존재인가?(1-10절)

1. 바다에서 올라오는 한 짐승의 모습은 어떤가?(1절)

"내가 보니 바다에서 한 짐승이 나오는데 뿔이 열이요 머리가 일곱이라 그 뿔에는 열 왕관이 있고 그 머리들에는 신성 모독하는 이름들이 있더라"(1절)

2. 그 짐승에게 용이 준 것은 무엇인가?(2절)

"내가 본 짐승은 표범과 비슷하고 그 발은 곰의 발 같고 그 입은 사자의 입 같은데 용이 자기의 능력과 보좌와 큰 권세를 그에게 주었더라"(2절)

3. 그 짐승이 첫 번째로 행한 쇼(Show)는 무엇인가?(3절)

"그의 머리 하나가 상하여 죽게 된 것 같더니 그 죽게 되었던 상처가 나으매 온 땅이 놀랍게 여겨 짐승을 따르고"(3절)

그 짐승의 머리 하나가 상하여(σφάζω) 죽게 된 것 같더니 죽게 되었던 상처가 나아 온 땅의 사람들이 놀랍게 여겨 짐승을 따르는 일이 일어난다. 여기서 '짐승의 머리가 상하여' 라고 할 때 창세기 3장 15절의 '뱀의 머리가 상하여' 라는 단어와 병행이 되고 있다. 이것은 앞에서 사탄의 결박을 인용할 때에 설명한 것의 연장으로 볼 수 있다. 이는 짐승이 예수 그리스도의 십자가와 부활을 모방한 사탄의 깜짝쇼에 해당되는 패러디일 뿐이다. 그럼에도 불구하고 온 땅은 사탄의 쇼에 환호하고 부르짖고 경배하며 절대적으로 따르는 사건이 이어서 일어난다.

4. 그 짐승에게 사람들이 경배하는 것은 결국 누구에게 경배하는 것인가?(4절)

"용이 짐승에게 권세를 주므로 용에게 경배하며 짐승에게 경배하여 이르되 누가 이 짐승과 같으냐 누가 능히 이와 더불어 싸우리요 하더라"(4절)

5. 그 짐승이 활동하는 기간이 얼마인가?(5절)

“또 짐승이 과장되고 신성 모독을 말하는 입을 받고 또 마흔두 달 동안 일할 권세를 받으니라”(5절)

6. 그 짐승이 성도들과 싸워서 어떻게 된다고 설명하는가?(7절)

“또 권세를 받아 성도들과 싸워서 이기게 되고 각 족속과 백성과 방언과 나라를 다스리는 권세를 받으니”(7절)

7. 어린양의 생명책에 그 이름이 기록되지 못한 사람들은 다 어떻게 하는가?(8절)

“죽임을 당한 어린양의 생명책에서 창세 이후로 이름이 기록되지 못하고 이 땅에 사는 자들은 다 그 짐승에게 경배하리라”(8절)

8. 어린양의 생명책에 그 이름이 기록된 사람들에게 필요한 것은 무엇인가?(10절)

“사로잡힐 자는 사로잡혀 갈 것이요 칼에 죽을 자는 마땅히 칼에 죽을 것이니 성도들의 인내와 믿음이 여기 있느니라”(10절)

둘째, 짐승의 정체는 과연 무엇인가?

1. 그 짐승에 대한 계시록의 해석은 무엇인가?(7절)

"그들이 그 증언을 마칠 때에 무저갱으로부터 올라오는 짐승이 그들과 더불어 전쟁을 일으켜 그들을 이기고 그들을 죽일 터인즉"(7절)

저자 요한은 그 짐승의 정체가 무엇인지를 계시록에서 자체 해석해 주고 있다. 우리가 이런 저자 요한의 해석을 무시하고 지금까지 잘못 해석해 온 것이 사실이다. 이런 점만 보아도 우리가 계시록에 대한 이해가 얼마나 심각했는가를 잘 알 수 있다. 계시록은 짐승이 누구인가를 해석하기 전에 바다에서 올라오는 짐승이 어디에서 올라오는지를 해석하고 있다는 사실이다. 그것은 바로 짐승이 무저갱에서 올라온다는 점이 아주 특별하다. 우리는 지금까지 그 짐승을 해석할 때 자의적으로 적그리스도라고 적용해서 언급한 것이 보편적인 방법이었다. 그렇게 해석할 때 짐승은 영적인 존재가 아닌 사탄의 권세를 위임 받은 강력한 존재로 등장하는 사람으로 보았다는 점이다. 그런데 저자 요한은 절대로 그 짐승이 사람이 될 수 없는 무저갱 즉 지옥에서 올라오는 존재라는 특이한 사실이다. 그렇다고 한다면 그 짐승은 사탄이거나 아니면 사탄과 같이 강력한 영적인 능력을 가진 영적 존재라는 것을 확인할 수 있다. 절대로 그 짐승은 사람으로 해석할 수 없는 존재이다. 그는 무저갱 곧 지옥에서 올라오는 영적인 존재이다.

2. 그 짐승에 대한 계시록 자체의 구체적인 설명은 무엇인가?(7-13절)

"천사가 이르되 왜 놀랍게 여기느냐 내가 여자와 그가 탄 일곱 머리와 열 뿔 가진 짐승의 비밀을 네게 이르리라 그 짐승은 전에 있었다가 지금은 없으나 장차 무저갱으로부터 올라와 멸망으로 올라간 자니 전에 있었다가 지금은 없으나 장차 나올 짐승을 보고 놀랍게 여기리라"(7-8절)

셋째, 땅에서 올라오는 또 한 짐승은 무슨 일을 하는가?(11-18절)

1. 땅에서 올라오는 또 한 짐승의 특징은 무엇이라고 설명하는가?(11절)

"내가 보매 또 다른 짐승이 땅에서 올라오니 어린양같이 두 뿔이 있고 용처럼 말을 하더라"(11절)

2. 땅의 짐승이 철저히 하는 일이 무엇이라고 설명하는가?(12절)

"그가 먼저 나온 짐승의 모든 권세를 그 앞에서 행하고 땅과 땅에 사는 자들을 처음 짐승에게 경배하게 하니 곧 죽게 되었던 상처가 나은 자니라"(12절)

3. 그 짐승이 심지어 어떤 이적까지 행한다고 설명하는가?(13절)

"큰 이적을 행하되 심지어 사람들 앞에서 불이 하늘로부터 땅에 내려오게 하고"(13절)

4. 그 짐승이 땅에 사는 사람들에게 무슨 목적으로 기적을 행한다고 설명하는가?(14절)

"짐승 앞에서 받은바 이적을 행함으로 땅에 거하는 자들을 미혹하여 땅에 거하는 자들에게 이르기를 칼에 상하였다가 살아난 짐승을 위하여 우상을 만들라 하더라"(14절)

5. 그 짐승은 사람들이 만든 우상에게 생기를 주어 어떤 일을 한다고 설명하는가?(15절)

"그가 권세를 받아 그 짐승의 우상에게 생기를 주어 그 짐승의 우상으로 말하게 하고 또 짐승의 우상에게 경배하지 아니하는 자는 몇이든지 다 죽이게 하더라"(15절)

넷째, 그 짐승이 또 사람의 이마나 오른손에 무엇을 받게 된다고 설명하는가?(16-18절)

1. 어떤 자들이 짐승의 표를 이마나 오른손에 받게 된다고 설명하는가?(16절)

\-

"그가 모든 자 곧 작은 자나 큰 자나 부자나 가난한 자나 자유인이나 종들에게 그 오른손에나 이마에 표를 받게 하고"(16절)

2. 표를 받은 자 외에는 무엇을 못하게 하는가?(17절)

\-

"누구든지 이 표를 가진 자 외에는 매매를 못하게 하니 이 표는 곧 짐승의 이름이나 그 이름의 수라"(17절)

3. 짐승의 표인 육백육십육은 과연 무엇인가?(18절)

\-

"지혜가 여기 있으니 총명한 자는 그 짐승의 수를 세어 보라 그것은 사람의 수니 그의 수는 육백육십육이니라"(18절)

짐승을 적그리스도로 해석할 때 다음과 같은 실수를 하게 되어 있다. 과연 이 시대나 앞으로의 시대에 적그리스도가 누구인가를 해석하는 것은 역사의 미스테리 중의 하나였다. 그 중에서도 육백육십육이라는 숫자는 짐승의 표식이 무엇인가에 대한 문제인데, 이것을 사람에게 적용하여 적그리스도라고 해석한 것은 지상 최대의 실수라고 생각한다. 역사는 짐승에 해당하는 적그리스도 로마 황제와 가톨릭의 교황 또는 히틀러나 그 외에 어떤 사람에게 초점을 맞추는 시도는 완전한 본문의 오해의 시작이다. 그러므로 짐승이 적그리스도라고 해석해서 사람에다 적용하는 것은 큰 해석상의 실수이다. 사실 육육육은 역사적으로 각 사람의 이름에 적용하여 해석을 했으나 다 잘못된 적용이었다. 왜냐하면 그것은 그가 사람들의 오른손이나 그 이마에 표를 받게 한다고 저자 요한이 분명한 해석을 했기 때문이다.

결코 육육육이 사탄을 대신한 적그리스도로 어떤 사람에게 적용되는 그 어떤 시도든지 잘못된 적용이다. 사실 육육육 자체가 무엇인지 바코드가 될 수도 또 다른 무엇이 나올 수도 있다. 실제로 바코드가 육육육의 표식이라고 한다면 사람의 손이나 이마에 찍고 난 직후 바로 찍히지 않은 사람들에 대하여 경제 행위를 못하게 되는 사건이 연속해서 나와야 한다. 한편 육육육은 게마트리아(Gematria, 히브리어와 헬라어 문자값)로 해석해 왔다. 여기서 표(스티그마)는 소유권을 표시하는 것으로 이는 사람이 결코 지우지 못하도록 영원히 조각하여 사탄이 자기의 소유임을 표시한 것이다. 마치 하나님께서 성도의 이마에 표를 하는 것처럼 사탄도 자신의 소유에 대하여 표시하는 것을 흉내 낸다. **하나님 자신에게 인을 찍지 않고 오직 그의 자녀들에게 인을 표시하는 것처럼 사탄도 자기 소유물임을 각 사람에게 표시하는 것이다.** 그러므로 사탄은 언제나 하나님의 방법을 자신의 것처럼 흉내 낸다.

| 제14장 |

천상의 십사만 사천을 다시 한 번 공개

첫째, 7장과 14장의 십사만 사천은 히브리 문장 구조의 병행적 보완의 설명이다.

1. 어린양과 시온 산에 함께 서있는 십사만 사천은 어떤 사람들인가?(1절)

"또 내가 보니 보라 어린 양이 시온 산에 섰고 그와 함께 십사만 사천이 서 있는데 그들의 이마에 어린양의 이름과 그 아버지의 이름이 쓴 것이 있더라"(1절)

2. 이 사람들은 속량함을 받은 누구라고 설명하고 있는가?(4절)

"이 사람들은 여자와 더불어 더럽히지 아니하고 순결한 자라 어린 양이 어디로 인도하든지 따라가는 자며 사람들 가운데에서 속량

함을 받아 처음 익은 열매로 하나님과 어린양에게 속한 자들이니"
(4절)

이 사람들은 저자 요한의 해석대로 여자와 더불어 더럽히지 않은 순결한 자들이다. 또한 어린양이 어디로 인도하든지 무조건 따라가는 자들이다. 특히 십사만 사천인 이 사람들은 사람들 가운데 구속함을 받은 처음 익은 열매로 이는 하나님과 어린 양에게 속한 자들이라고 특별히 해석하고 있는 장면이다. 여기서 주님이 처음 익은 열매(고전15:20, 23)라고 선언하신 말씀 속에는 이것으로 다가 아니라 **계속해서 열매를 맺을 것을 포함**하고 있다. 예를 들어 **예수 그리스도가 잠자는 자들의 부활의 첫 열매인 것은 앞으로 모든 성도들이 예수처럼 부활할 것을 예고하는 선언의 내용을 포함하고 있다는 점이다**(고전 15:20, 23).

이는 십사만 사천은 구속함을 받은 첫 열매일 뿐이고 그 후에는 너무도 많은 사람들이 그 다음에 포함하고 있다는 사실을 저자 요한이 선언하고 있는 십사만 사천에 대하여 분명히 해석하는 자리이다. 앞으로 구약의 이스라엘 사람들이나 신약의 성도 가운데 구원 받을 사람이 셀 수 없는 큰 무리가 된다는 사실을 전제하고 있다. 또한 이 사람들은 신약 시대의 어린양의 피로 구속함을 받은 분명한 사람들이다. 그러므로 구원받은 숫자가 엄청나게 많은 것을 알 수 있다.

3. 누구든지 그 짐승과 우상에게 경배하고 이마에나 손에 표를 받은 사람은 어떻게 된다고 설명하는가?(9-11절)

"또 다른 천사 곧 셋째가 그 뒤를 따라 큰 음성으로 이르되 만일 누구든지 짐승과 그의 우상에게 경배하고 이마에나 손에 표를 받으면 그도 하나님의 진노의 포도주를 마시리니 그 진노의 잔에 섞인 것이 부은 포도주라 거룩한 천사들 앞과 어린양 앞에서 불과 유황으로 고난을 받으리니 그 고난의 연기가 세세토록 올라가리로다 짐승과 그의 우상에게 경배하고 그의 이름 표를 받는 자는 누구든지 밤낮 쉼을 얻지 못하리라 하더라"(9-11절)

본 절에 지옥에 누가 가는가의 대답이 나온다. 그 주인공은 사탄의 이름의 표를 받는 자는 모두 가는 곳이다. 또한 지옥의 고통이 얼마나 되는가에 대한 대답을 하고 있다. 그 고통은 진노의 포도주를 마시고 불과 유황으로 영원히 고난을 받는다. 불론 지옥은 밤낮없이 쉴 수 없는 처절한 고난을 받아야 하는 절대적으로 소망이란 없는 곳이다.

둘째, 마지막 시대에 성도들에게 요구되는 인내는 무엇이라고 설명하는가?(12절)

"성도들의 인내가 여기 있나니 그들은 하나님의 계명과 예수에 대한 믿음을 지키는 자니라"(12절)

셋째, 마지막 심판 때에 성도들은 어떻게 살아야 하는가?(13절)

"또 내가 들으니 하늘에서 음성이 나서 이르되 기록하라 지금 이후로 주 안에서 죽은 자들은 복이 있도다 하시매 성령이 그러하다 그들이 수고를 그치고 쉬리니 이는 그들의 행한 일이 따름이라 하시더라"(13절)

주님은 이제부터 본격적인 대재앙이 시작될 것이기 때문에 도리어 지금 이후로 주 안에서 죽은 자들이 복이 있다고 해석하고 있다. 물론 성령 하나님도 '그러하다' 라고 동의하시는 문장으로 구성되어 있다. 정말 주 안에서 먼저 죽은 자들은 천국에서 하나님과 함께 영원한 안식을 누리고 있기 때문이다. 어떤 사람들은 기왕에 태어난 인생이 죽지 않고 바로 변화되어 주님의 재림을 맞는다면 얼마나 좋겠느냐며 기대하는 사람들에 대한 주님의 답변에 해당한다. 여기서 주님이 주 안에서 죽은 자가 복이 있다고 말씀하시는 '그들이 수고를 그치고 쉬리니' 라는 문장은 신적 수동태에 해당된다. 신적 수동태 문장은 하나님의 절대적인 은혜로 되어지는 하나님의 배려에 해당하는 것이기 때문이다. 주님은 주 안에서 죽는 것도 하나님이 허락하신 은혜의 축복이라고 언급하신 것이다.

넷째, 마지막 추수를 위한 주님의 병행적 설명은 무엇인가?(14-20절)

A(14a) 구름 위에 인자 같은 이가 앉음	A' (17a) 또 다른 천사가 하늘 성전에서나옴
B(14b) 그 손에는 예리한 낫을 가짐	B' (17b) 또한 예리한 낫을 가짐
C(15a) 다른 천사가 큰 소리로 외침	C' (18a) 불을 다스리는 다른 천사가 큰 음성 외침
D(15b) 네 낫으로 추수하라는 말씀	D' (18b) 낫으로 익은 포도송이를 추수하라고 함
E(16) 인자가 낫으로 곡식을 추수함	E' (19) 낫으로 포도를 거두어 틀에 던짐 성 밖의 그틀이 밟히니 피가 남 성 밖의 천 육백 스타디온에 퍼짐

| 제15장 |

마지막 심판의 대재앙인 대접을 쏟을 준비

첫째, 일곱 천사가 가진 것은 무엇이라고 설명하는가?(1절)

"또 하늘에 크고 이상한 다른 이적을 보매 일곱 천사가 일곱 재앙을 가졌으니 곧 마지막 재앙이라 하나님의 진노가 이것으로 마치리로다"(1절)

둘째, 일곱 천사가 하나님의 사자로부터 받은 것은 무엇인가?(7절)

"네 생물 중의 하나가 영원토록 살아 계신 하나님의 진노를 가득히 담은 금대접 일곱을 일곱 천사에게 주니"(7절)

| 제16장 |

일곱 대접을 쏟는 심판의 마지막 대재앙

대접 재앙에서 주목해야 하는 동사가 **'대접을 쏟다'** 인데 이는 이제 심판이 시작되어 구체적으로 펼쳐지고 진행되어 마감하는 모든 실제적인 재앙의 총과정을 말하는 것이다. 여기서 '쏟다' 라는 헬라어 동사는 실제적이고 현장적인 단어로 생방송의 상황이라는 의미가 담겨 있다. 지금까지 인을 떼는 재앙이나 나팔을 부는 재앙은 전조로서 공개와 시작을 알리는데 그 목적이 있다면, 대접은 심판이 땅에 쏟아져서 **재앙이 이미 시작되어 진행되고 종결**까지 구체적으로 언급되는 실제적인 재앙이다. 대접을 쏟는 것은 재앙의 실제가 우주적 사건으로 진행되고 마감되는 것까지를 말한다. 정말 대접 재앙이야 말로 역사 가운데 행하시는 하나님의 심판의 진행 이야기이다.

첫째, 첫째 대접을 땅에 쏟으매 어떤 일이 일어난다고 설명하는가?(2절)

"첫째 천사가 가서 그 대접을 쏟으매 짐승의 표를 받은 사람들과 그 우상에게 경배하는 자들에게 **악하고 독한 종기가 나더라**"(2절)

둘째, 둘째 대접을 바다에 쏟으매 어떤 일이 있다고 설명하는가?(3절)

"둘째 천사가 그 대접을 바다에 쏟으매 바다가 죽은 자의 피같이 되니 바다 가운데 **모든 생물이 죽더라**"(3절)

셋째, 셋째 대접을 강과 물 근원에 쏟으매 어떤 일이 있다고 설명하는가?(4절)

"셋째 천사가 그 대접을 강과 물 근원에 쏟으매 **피가 되더라**"(4절)

넷째, 넷째 대접을 해에 쏟으매 어떤 일이 있다고 설명하는가?(8절)

"넷째 천사가 그 대접을 해에 쏟으매 해가 권세를 받아 불로 사람들을 태우니 사람들이 크게 태움에 태워진지라 이 재앙들을 행하는 권세를 가지신 하나님의 이름을 **비방**하며 또 **회개**하지 아니하고 주께 **영광**을 돌리지 아니하더라"(8절)

1) 뜨거운 해로 사람들이 크게 불탐(9절)
2) 재앙을 행하는 하나님을 향하여 회개하지 않고 주께 영광돌리지 않음(9절)

다섯째, 다섯째 대접을 짐승의 왕좌에 쏟으매 어떤 일이 있다고 설명하는가?(10절)

"또 다섯째 천사가 그 대접을 짐승의 왕좌에 쏟으니 그 나라가 곧 어두워지며 사람들이 아파서 자기 혀를 깨물고 아픈 것과 종기로 말미암아 하늘의 하나님을 비방하고 그들의 행위를 회개하지 아니하더라"(10-11절)

1) 짐승의 나라에 어둠의 재앙(10절)
2) 사람들이 아파서 자기 혀를 깨무는 고통(10절)
3) 아픈 것과 종기로 말미암아 하늘 하나님을 원망하고 회개하지 않음(11절)

여섯째, 여섯째 대접을 큰 강 유브라데에 쏟으매 어떤 일이 일어나는가?(12-16절)

"또 여섯째 천사가 그 대접을 큰 강 유브라데에 쏟으매 강물이 말라서 동방에서 오는 왕들의 길이 예비되었더라 또 내가 보매 개구리 같은 세 더러운 영이 용의 입과 짐승의 입과 거짓 선지자의 입에서 나오니 그들은 귀신의 영이라 이적을 행하여 온 천하 왕들에게 가서 하나님 곧 전능하신 이의 큰 날에 있을 전쟁을 위하여 그들을 모으더라 보라 내가 도둑같이 오리니 누구든지 깨어 자기 옷을 지켜 벌거벗고 다니지 아니하며 자기의 부끄러움을 보이지 아니하는 자는 복이 있도다 세 영이 히브리어로 아마겟돈이라 하는 곳으로 왕들을 모으더라"(12-16절)

1) 큰 강 유브라데에 쏟으매 물이 말라 동방에서 오는 왕들의 길이 예비(12절)
2) 개구리 같은 세 더러운 영이 용의 입과 짐승의 입과 거짓 선지자의 입에서 귀

신들의 영이 나옴(13절)
3) 그들이 온 천하 왕들을 하나님의 큰 날에 있을 전쟁을 위하여 모음(14절)
4) 세 영이 히브리어로 아마겟돈이라 하는 곳으로 왕들을 모음(16절)

일곱째, 일곱째 대접을 공중에 쏟으매 어떤 일이 있다고 설명하는가?(17-21절)

"일곱째 천사가 그 대접을 공중에 쏟으매 큰 음성이 성전에서 보좌로부터 나서 이르되 되었다 하시니 번개와 음성들과 우렛소리가 있고 또 큰 지진이 있어 얼마나 큰지 사람이 땅에 있어 온 이래로 이같이 큰 지진이 없었더라 큰 성이 세 갈래로 갈라지고 만국의 성들도 무너지니 큰 성 바벨론이 하나님 앞에 기억하신 바 되어 그의 맹렬한 진노의 포도주 잔을 받으매 각 섬도 없어지고 산악도 간 데 없더라 또 무게가 한 달란트나 되는 큰 우박이 하늘로부터 사람들에게 내리매 사람들이 그 우박의 재앙 때문에 하나님을 비방하니 그 재앙이 심히 큼이러라"(17-21절)

1) 가장 큰 지진이 이 땅에 있음(18절)
2) 큰 성 바벨론이 세 갈래로 갈라지고 섬도 없어지고 산악도 없어짐(19절)
3) 무게가 한 달란트(34Kg)되는 큰 우박이 하늘로부터 사람들에게 내리매 우박의 재앙 때문에 사람들이 하나님을 원망하니 그 재앙이 심히 큼(21절)

이는 18장의 바벨론 심판과 병행되는 구절이다. 일곱 번째 마지막 재앙에 일어나는 심판에 해당한다.

| 제17장 |

큰 음녀가 받을 심판에 대한 설명

첫째, 큰 음녀가 받을 심판은 무엇인가?(1절)

"또 일곱 대접을 가진 일곱 천사 중 하나가 와서 내게 말하여 이르되 이리로 오라 많은 물 위에 앉은 큰 음녀가 받을 심판을 네게 보이리라"(1절)

둘째, 음녀의 정체는 무엇인가?(2-6절)

1. 땅의 임금들과 사람들이 음녀와 함께 한 것이 무엇이라고 설명하는가?(2절)

"땅의 임금들도 그와 더불어 음행하였고 땅에 사는 자들도 그 음행의 포도주에 취하였다 하고"(2절)

2. 음녀가 탄 것은 무엇이라고 설명하는가?(3절)

"곧 성령으로 나를 데리고 광야로 가니라 내가 보니 여자가 붉은 빛 짐승을 탔는데 그 짐승의 몸에 하나님을 모독하는 이름들이 가득하고 일곱 머리와 열 뿔이 있으며"(3절)

3. 음녀가 사치와 더러운 것으로 무엇을 했다고 설명하는가?(4절)

"그 여자는 자주 빛과 붉은 빛 옷을 입고 금과 보석과 진주로 꾸미고 손에 금잔을 가졌는데 가증한 물건과 그의 음행의 더러운 것들이 가득하더라"(4절)

여기서 우리는 음녀의 외적인 모습을 살펴 볼 수 있다. 음녀는 붉은 옷을 입고 자신을 치장하였는데 이는 돈으로 치장하여 마치 돈이 하나님인 것처럼 위장하여 영혼들을 미혹하는 사명을 다하기 위함이다. 또한 자신을 보석으로 치장하였다고 하였는데 이는 극도의 사치하는 것이 음녀의 본 모습이라는 것이다. 특히 음녀 자신이 보석을 '꾸미고' 라는 헬라어 '크뤼소오' 로 이는 '어떤 악한 의도를 가지고 자신을 위장해서 사람의 영혼 사냥하기 위함' 이라는 뜻을 가지고 있다. 결국 음녀의 이런 모습을 성경은 가증하고 더러움이 가득하다고 설교하고 있다.

4. 음녀의 정체는 무엇이라고 설명하는가?(5절)

"그의 이마에 이름이 기록되었으니 비밀이라 큰 바벨론이라 땅의 음녀들과 가증한 것들의 어미라 하였더라"(5절)

5. 음녀가 성도들과 예수 증인들의 무엇을 취한다고 설명하는가?(6절)

"또 내가 보매 이 여자가 성도들의 피와 예수의 증인들의 피에 취한지라 내가 그 여자를 보고 놀랍게 여기고 크게 놀랍게 여기니"(6절)

셋째, 큰 음녀의 비밀은 무엇인가?(7-18절)

1. 음녀가 탄 일곱 머리와 열 개의 뿔의 짐승의 비밀은 무엇이라고 설명하는가?(7절)

"천사가 이르되 왜 놀랍게 여기느냐 내가 여자와 그가 탄 일곱 머리와 열 뿔 가진 짐승의 비밀을 네게 이르리라"(7절)

천사는 저자 요한에게 그 여자와 그가 탄 짐승의 비밀을 해석해 주겠다고 말했다. 여기서 '비밀을 네게 **이르리라**(ῥέω)' 고 말한 것이 바로 천사가 저자 요한에게 직접 그것이 무엇인지를 해석해 주겠다는 의미이다. 다시 말해서 천사는 그 여자와 그녀가 탄 짐승을 보고 크게 놀라있는 요한에게 다음과 같이 구체적인 해석을 제시하고 있다.

2. 계시록 저자는 13장에 나오는 짐승의 정체를 병행해서 무엇이라고 설명하는

가?(8절)

"네가 본 짐승은 전에 있었다가 지금 없으나 장차 무저갱으로부터 올라와 멸망으로 들어갈 자니 땅에 사는 자들로서 창세 이후로 그 이름이 생명책에 기록되지 못한 자들이 이전에 있었다가 지금은 없으나 장차 나올 짐승을 보고 놀랍게 여기리라"(8절)

여기서 짐승의 정체가 무엇인지 분명하게 천사는 요한에게 설명하고 해석하고 있다. 그것은 마지막 재앙 때 무저갱에서 올라오는 짐승이라는 사실이다. 그러면 무저갱에서 나오는 것은 과연 무엇인가? 한편 무저갱은 지옥의 동의적 병행이 되는 장소이다. 따라서 지옥과 무저갱은 같은 의미로 지옥이라고 생각하면 된다. 그러면 지옥에서 올라오는 것이 사람이라고 해석한다면 그것은 크게 실수하는 것이다. 다시 말해서 짐승은 사람이 아니라 영적인 어떤 존재라는 결론에 이르게 된다. 그러면 무저갱에서 올라오는 짐승은 과연 누구인가에 대한 대답은 의외로 쉽게 해결할 수 있다. 계시록 20장 2절에 무저갱에 천년동안 결박된 사탄이 있는데 대재앙 때 잠시 풀려나는 일이 있는데 두 개의 병행 구절을 보면 이것이 무저갱에서 올라오는 짐승은 사탄일 가능성이 아주 높다. 그는 영적인 존재가 분명한데 그동안 역사는 짐승이 적그리스도라면서 사람 가운데 그가 누구인지 찾는 일에 세월을 다 보냈다는 사실이 너무도 한심한 일이 아닐 수 없다.

3. 여자가 앉은 일곱 산의 일곱 왕은 누구라고 설명하는가?(9-10절)

"지혜 있는 뜻이 여기 있으니 그 일곱 머리는 여자가 앉은 일곱 산이요 또 일곱 왕이라 다섯은 망하였고 하나는 있고 다른 하나는 아직 이르지 아니하였으니 이르면 반드시 잠시 동안 머무르리라"(9-10절)

(1) 다섯은 망함(10절) :
(2) 하나는 지금 현재 나라(10절) :
(3) 마지막 하나는 아직 이르지 않음(10절) : 마지막 심판 때 짐승의 왕국
(4) 이 나라가 이르면 잠시 동안 있음(10절)

4. 그들이 어린양과 더불어 싸워 어떻게 된다고 설명하는가?(14절)

"그들이 어린양과 더불어 싸우려니와 어린양은 만주의 주시요 만왕의 왕 이시므로 그들을 이기실터이요 또 그와 함께 있는 자들 곧 부르심을 받고 택하심을 받은 진실한 자들도 이기리로다"(14절)

5. 음녀가 앉은 물은 무엇이라고 설명하는가?(15절)

"또 천사가 내게 말하되 네가 본 바 음녀가 앉아 있는 물은 백성과 무리와 열국과 방언들이라"(15절)

6. 짐승은 음녀를 미워하여 결국 어떻게 한다고 설명하는가?(16절)

"네가 본 바 이 열 뿔과 짐승은 음녀를 미워하여 망하게 하고 벌거벗게 하고 그의 살을 먹고 불로 아주 사르리라"(16절)

7. 하나님은 자기 뜻대로 그의 나라를 짐승에게 주어 어떻게 한다고 설명하는가?(17절)

"이는 하나님이 자기 뜻대로 할 마음을 그들에게 주사 한 뜻을 이루게 하시고 그들의 나라를 그 짐승에게 주게 하시되 하나님의 말씀이 응하기까지 하심이라"(17절)

1) 이로 하여금 하나님의 말씀이 응하기까지 행하신다.
2) 실제로 사탄이 자기 마음대로 하는 것이 아니라 하나님의 심판의 스케줄에 의해서 진행된다고 선언하시는 것이다.

8. 그 음녀는 땅의 왕들을 다스리는 무엇이라고 설명하는가?(18절)

"또 내가 본 그 여자는 땅의 왕들을 다스리는 큰 성이라 하더라"(18절)

| 제18장 |

심판에 무너진 큰 성 바벨론

첫째, 바벨론이 심판을 받아 결국 어떻게 된다고 설명하는가?(2절)

"힘찬 음성으로 외쳐 이르되 무너졌도다 무너졌도다 큰 성 바벨론이여 귀신의 처소와 각종 더러운 영이 모이는 곳과 각종 더럽고 가증한 새들이 모이는 곳이 되었도다"(2절)

저자 요한은 먼저 큰 성 바벨론이 무너졌다고 선언하고 있다. 여기 큰 성 바벨론이 무너지는 내용이 병행적으로 기록된 곳이 14장 8절로서 천사가 바벨론이 무너지는 내용을 그대로 선포하고 있다. 또한 여기서는 그 바벨론의 정체가 무엇인지를 해석하고 있는 구절이다. 이는 그 성에 배후에는 각종 귀신의 영과 각종 더러운 영이 병행구조로 그들이 모이는 곳은 헬라어로 "그들이 자리를 잡고 둥지를 틀고 영혼 사냥을 위해 모인 집합소"라는 의미를 가지고 있다. 즉 그곳은 온갖 더러운 귀신들이 총체적으로 모여 있는 영적인 처소이다. 이곳의 주인이 사탄의 하수인들인 더러운 영들이 진을 치고 모든 사건의 배후에서 조정을 해왔다. 그 성을 하나님은 마지막 재앙 때에 심판하셨다고 선언하는 자리가 이곳이다.

둘째, 큰 성 바벨론이 멸망 당하는 이유가 무엇이라고 설명하는가?(3절)

"그 음행의 진노의 포도주로 말미암아 만국이 무너졌으며 또 땅의 왕들이 그와 더불어 음행하였으며 땅의 상인들도 그 사치의 세력으로 치부하였도다 하더라"(3절)

셋째, 하나님께서 자기 백성에서 바벨론에서 어떻게 하라고 설명하는가?(4-6절)

"또 내가 들으니 하늘로부터 다른 음성이 나서 이르되 내 백성아 거기서 나와 그의 죄에 참여하지 말고 그가 받을 재앙들을 받지 말라"(4절)
"그의 죄는 하늘에 사무쳤으며 하나님은 그의 불의한 일을 기억하신지라"(5절)
"그가 준 그대로 그에게 주고 그의 행위대로 갑절을 갚아 주고 그가 섞은 잔에도 갑절이나 섞어 그에게 주라"(6절)

A 내 백성아 거기서 나오라(4절) : 첫 번째 명령
B 그의 죄에 참여하지 말라(4절) : 두 번째 명령
C 그가 받을 재앙들을 받지 말라(4절) : 세 번째 명령
D 그 죄가 하늘에 사무쳐서 받는 재앙이기 때문(5절) : 성도와 상관없는 재앙
D' 하나님은 그 불의한 일을 기억하시기 때문(5절) : 성도와 상관없는 재앙
C' 그가 준 그대로 그에게 주고(6절) : 세 번째 심판의 원칙
B' 그의 행위대로 갑절을 갚아 주고(6절) : 두 번째 심판의 원칙
A' 그가 섞은 잔에도 갑절이나 섞어 그에게 주라(6절) : 첫 번째 심판의 원칙

넷째, 큰 성 바벨론이 왜 멸망해야 된다고 설명하는가?(7절)

"그가 얼마나 영화롭게 하였으며 사치하였든지 그만큼 고통과 애통함으로 갚아 주라 그가 마음에 말하기를 나는 여왕으로 앉은 자요 과부가 아니라 결단코 애통함을 당하지 아니하리라 하니"(7절)

1) 그가 얼마나 자기를 영화롭게 하였는지
2) 그가 얼마나 사치하였든지 그대로 갚아 주라 : 네 번째 심판의 원칙
3) 그가 마음에 말하기를 나는 여왕으로 앉은 자라고 고백 : 자칭 여왕
4) 결단코 자신은 애통함을 당하지 아니하리라 고백 : 자칭 선언

다섯째, 한 순간에 무너진 바벨론 사람들의 탄식성 애가(8-19절)

1. 바벨론이 무너지는 것을 본 정치인들의 탄식을 어떻게 설명하는가?(8-10절)

"그와 함께 음행하고 사치하던 땅의 왕들이 그가 불타는 연기를 보고 위하여 울고 가슴을 치며"(9절)

여기서 땅의 왕들은 이 땅의 지도자인 정치인들을 의미한다. 그들이 지금까지 즐기던 세상이 하루 아침에 불타고 무너지는 것을 보면서 울고 가슴을 치며 통곡하는 장면이다. 이 모든 일들이 전혀 예상하지 못했는데 한 순간에 졸지에 임한 것이다. 그 땅이 불타는 것을 보면서 탄식하는 자신들의 설교의 메시지가 이것이다. 이는 이제 다시 회생이 불가능하다는 사실을 느끼는 절망에 대한 본능적인 탄식에 해당하는 메시지이다. 언젠가 우리가 생각지 않은 날에 이런 장면을 내 눈으로 확인하며 그들과 같은 탄식을 할 때가 올 것을 늘 예측하면서 살라는 하나님의 경고성 메시지가 정치인들의 탄식이다.

2. 바벨론이 무너지는 것을 본 경제인들의 탄식이 무엇이라고 설명하는가?(11-17a절)

"땅의 상인들이 그를 위하여 울고 애통하는 것은 다시 그들의 상품을 사는 자가 없음이라"(11절)

1) 상품을 더 이상 사는 사람이 없이 경제 질서가 무너짐(11절)
2) 상품의 종류 : 7종 28품목의 상품이 무너짐(12–13절)
3) 그 시대 사람들의 탐하던 것들(14절)
4) 하나님은 상인들이 실제로 땅의 왕족들이라고 해석(23절)

3. 바벨론이 무너지는 것을 본 해운업자들의 탄식이 무엇이라고 설명하는가?(17b-18절)

"모든 선장과 각처를 다니는 선객들과 선원들과 바다에서 일하는 자들이 멀리 서서 그 불타는 연기를 보고 외쳐 이르되 이 큰 성과 같은 성이 어디 있느냐 하며 티끌을 자기 머리에 뿌리고 울며 애통하여 외쳐 이르되 화 있도다 화 있도다 이 큰 성이여 바다에서 배 부리는 모든 자들이 너의 보배로운 상품으로 치부하였더니 한 시간에 망하였도다"(17-18절)

| 제19장 |

천상의 어린양의 혼인 기약

첫째, 천상의 할렐루야 찬양 병행 구조

1. 하늘에 허다한 무리들이 큰 음성으로 무엇을 한다고 설명하는가?(1절)

"이 일 후에 내가 들으니 하늘에 허다한 무리의 큰 음성 같은 것이 있어 이르되 할렐루야 구원과 영광과 능력이 우리 하나님께 있도다"(1절)

2. 그들이 부르는 할렐루야 찬양의 내용은 무엇이라고 설명하는가?(2-6절)

"두 번째로 할렐루야 하니 그 연기가 세세토록 올라가더라"(2절)

둘째, 어린양의 혼인 기약이 이르러 누가 준비되었다고 설명하는가?(7절)

"우리가 즐거워하고 크게 기뻐하며 그에게 영광을 돌리세 어린양의 혼인 기약이 이르렀고 그의 아내가 자신을 준비하였으므로"(7절)

1. 어린양의 아내가 입고 있는 옷은 무엇이라고 설명하는가?(8절)

"그에게 빛나고 깨끗한 세마포 옷을 입도록 허락하셨으니 이 세마포 옷은 성도들의 옳은 행실이로다 하더라"(8절)

2. 어린양의 혼인 잔치에 청함을 받은 자는 어떤 자라고 설명하는가?(9절)

"천사가 내게 말하기를 기록하라 어린양의 혼인 잔치에 청함을 받은 자들은 복이 있도다 하고 또 내게 말하되 이것은 하나님의 참된 말씀이라 하기로"(9절)

셋째, 마지막 심판을 위한 백마 탄 자의 등장(11-16절)

1. 백마 탄 자는 누구라고 설명하는가?(11절)

"또 내가 하늘이 열린 것을 보니 보라 백마와 그것을 탄 자가 있으니 그 이름은 충신과 진실이라 그가 공의로 심판하여 싸우더라"(11절)

2. 백마 탄 자의 형상과 피 뿌린 옷은 무엇이라고 설명하는가?(12-13절)

"또 그가 피 뿌린 옷을 입었는데 그 이름은 하나님의 말씀이라 칭하더라"(13절)

3. 백마 탄 자를 따르는 하늘에 있는 군대들이 입는 옷은 무엇인가?(14절)

"하늘에 있는 군대들이 희고 깨끗한 세마포 옷을 입고 백마를 타고 그를 따르더라"(14절)

4. 백마 탄 자가 어떤 분이라고 소개하는가?(15-16절)

"그 옷과 그 다리에 이름을 쓴 것이 있으니 만왕의 왕이요 만주의 주라 하였더라"(16절)

넷째, 마지막 심판은 하나님의 큰 잔치로 설명(17-21절)

1. 한 천사가 모든 새들을 향해 어디로 모인다고 설명하는가?(17-18절)

"또 내가 보니 한 천사가 태양 안에 서서 공중에 나는 모든 새를 향

하여 큰 음성으로 외쳐 이르되 와서 하나님의 큰 잔치에 모여"(17절)

2. 백마 탄 자와 그 군대들이 누구와 전쟁을 한다고 설명하는가?(19절)

"또 내가 보매 그 짐승과 땅의 임금들과 그들의 군대들이 모여 그 말 탄 자와 그의 군대와 더불어 전쟁을 일으키다가"(19절)

3. 그 앞에서 거짓 표적을 행하던 누가 잡혔다고 설명하는가?(20-21절)

"짐승이 잡히고 그 앞에서 표적을 행하던 거짓 선지자도 함께 잡혔으니 이는 짐승의 표를 받고 그의 우상에게 경배하던 자들을 표적으로 미혹하던 자라 이 둘이 산 채로 유황불 붙는 못에 던져지고 그 나머지는 말 탄 자의 입으로부터 나오는 검에 죽으매 모든 새가 그들의 살로 배불리더라"(20-21절)

다섯째, 어린양의 혼인 잔치(7-10절)

1. 어린양의 혼인 잔치와 혼인 기약이 어떻게 틀리는가?(7절)

"우리가 즐거워하고 크게 기뻐하며 그에게 영광을 돌리세 어린양의 혼인 기약이 이르렀고 그의 아내가 자신을 준비하였으므로"(7절)

어린양의 '혼인 기약'은 결혼식 자체가 아니라 결혼식의 날짜가 임박했다는 선포의 날이다. 이제 대재앙이 끝나면서 심판과 함께 어린양의 결혼식이 시작된다는 선언이다. 우리가 잘못 이해하면 여기가 바로 어린양과 신부가 결혼식을 올리는 장면으로 오해할 수 있다. 많은 신학자들이 이 본문을 실제적인 어린양의 혼인 잔치로 이해하고 19장이 예수 그리스도의 심판과 재림하는 본문으로 오해하면서 20장의 천년왕국이 주님의 재림 후에 있어질 사건으로 잘못 해석하는 실수를 했다. 하지만 본문은 어린양의 결혼식에 대한 내용은 전혀 없고 어린양의 혼인 기약이 임박했다고 선언하는 내용이다. 그런 후에 신부의 자격이 무엇인지에 대하여 분명히 구체적으로 설명하고 있다는 점이다. 어린양은 예수 그리스도로 분명한 신랑이다. 그래서 어린양의 혼인 잔치라는 이름이 붙여진 것이다. 여호와 하나님도 자신을 이스라엘의 남편으로 묘사하고 있다(사54:5). 그리고 바울도 예수 그리스도와 교회를 부부관계로 설명하고 있는 것을 볼 수 있다(엡5:32).

2. 어린양의 신부의 자격은 무엇이라고 설명하는가?(8절)

"그에게 빛나고 깨끗한 세마포 옷을 입도록 허락하셨으니 이 세마포 옷은 성도들의 옳은 행실이로다 하더라"(8절)

3. 어린양의 혼인 잔치는 언제 한다고 설명하는가?

---

4. 성도의 상급과 혼인 잔치와는 무슨 연관이 있다고 설명하는가?

---

5. 어린양의 혼인 잔치에 청함을 받은 자의 복은 무엇인가?(9절)

"천사가 내게 말하기를 기록하라 어린양의 혼인 잔치에 청함을 받은 자들은 복이 있도다 하고 또 내게 말하되 이것은 하나님의 참된 말씀이라 하기로"(9절)

한편 주님은 어린양의 신부가 있다면 축하객도 당연히 있다고 분명히 말씀하신다. 이는 어린양의 혼인 잔치에서 신랑과 신부의 결혼식을 축하하는 축하객이 하나님께서 결혼식에 '청함을 받은 자' 라고 분명히 선포하고 있기 때문이다. 저자는 하나님께서 청한 축하객은 천국에 입성한 것 자체가 하나님의 은혜이기는 하지만 어린양의 신부와는 분명히 구별되는 상급의 차별이라고 보고 싶다.

여기 '청함 받은' 은 헬라어 '칼레오' 로 이 단어는 신적 수동태로 하나님의 은혜로만 부르심 받은 성도들을 지칭하는 말이다. 이 사람들에 대하여 주님은 구속함을 받은 "아무도 셀 수 없는 무리는 어린양의 피에 그 옷을 씻어 희게 하였느니라"(계7:14)고 선언하시고 있다. 결국 그들은 어린양의 피의 세마포 옷으로 혼인 예식에 입혀주는 축하객들이 입는 예복에 해당하는 것으로 볼 수 있다. 이는 예수 그리스도의 피로 겨우 구원만 받은 사람들을 말한다. 이런 사람들을 구체적으로 예를 들면 십자가 상에서 주님께 자신을 기억해 달라고 한 마디를

잘해서 구원 받은 강도같은 사람들이 이에 해당한다. 겨우 구원만 받은 자로 이들은 주님을 위해서 한일이 전혀 없는 사람들을 말한다.

| 제20장 |

천상의 천년왕국(Millenialism) 설명

첫째, 기독교 이천년의 천년왕국의 논쟁은 무엇인가?

1. 기독교 2,000년의 미해결 논쟁 천년왕국설
   1) 세대수의석 선전년설 : 지상전년 논쟁에 불을 지름
   2) 역사적 전천년설 : 지상천년 논쟁에 기름을 부음
   3) 무천년설 : 지상천년 논쟁에 불구경함
   4) 후천년설 : 지상천년 논쟁에 불구경함
2. 천년왕국 교리에 따라 교단이 갈리고 수많은 이단이 생겨남
3. 성경해석을 혼미하게 하여 기독교가 논쟁으로 능력을 잃음 : 사탄배후
4. 이사야의 새 하늘과 새 땅 문제를 천년왕국에 연결하여 해석함(사65:17-25)

둘째, 천년왕국 해석에 무엇이 문제인가?

계시록의 단지 세 절 때문에 교회는 엉망진창이 되었다. 우리가 성경 전체 중에 세 절은 필요하고 중요하지만 만약 그것이 절대적인

평가의 기준이 되면 천년왕국과 같은 실수를 반복하게 된다. 이 문제는 도리어 간단하게 해결될 수 있는데도 역사의 아이러니는 그렇지 못했다. 저자가 볼 때 이 문제는 사탄이 배후에서 세 절의 해석을 혼미하게 하여 기독교 수천 년간 논쟁으로 스스로 자멸하는 상태까지 이른 최고의 비극이라고 생각한다. 사탄의 성공이자 교회의 최고의 실패가 단지 세 절 문제로 일어난 교회의 아픔은 너무 큰 상처임에 틀림없다.

이 문제는 의외로 간단하게 해결할 수 있다. 이는 저자가 언급했던 대로 계시록이 해석하고 있는 편지형식의 예언적 설교라고 전제하고 읽으면 된다. 하지만 이런 원칙을 무시하고 천년왕국의 문제를 지난 2,000년간 해석할 때 지상 천년왕국의 문제로만 접근했기 때문에 일어난 논쟁이었다. 이에 대하여 지상 천년왕국이라는 사실에 대하여 다른 의견이나 새로운 해석의 시도를 한 적이 거의 없는 것이 너무도 이상한 일이었다. 비록 헬라어 원어의 실력이 부족해도 자기 나라의 글로 본문을 조금만 주의 깊게 살펴보면 쉽게 해결된 해석인데 말이다.

이렇게 천년왕국 문제로 교단이 갈라지고 신학적 대적자가 되고 이단들이 난리를 피우게 된 배후에는 사탄의 성경해석을 혼란케 한 일이라고 여겨진다. 사탄이 이 땅에서 가장 성공한 일이 계시록을 해석하여 혼란케 한 일이다. 또 하나는 천년왕국설로 기독교가 진흙탕에서 수천 년을 싸워온 사건이다. 그렇게 해석의 난맥으로 인해 서로 논쟁하고 싸움하게 하여 진짜 적이 아닌 성도끼리 소모적 싸움을 벌여 힘을 다 소진하게 한 결과라고 본다. 단지 천년왕국이 나오는 세 절 때문에 치른 기독교의 희생은 너무도 컸다.

셋째, 주님은 용과 사탄을 무저갱에 천년동안 결박을 어떻게 설명하는가?(1-3)

1. 천사가 무저갱에 큰 쇠사슬로 용을 잡아 천년동안 어떻게 한다고 설명하는가? (1-2절)

"또 내가 보매 천사가 무저갱의 열쇠와 큰 쇠사슬을 그의 손에 가지고 하늘로부터 내려와서 용을 잡으니 곧 옛 뱀이요 마귀요 사탄이라 잡아서 천 년 동안 결박하여"(1절)

1) 큰 용 : 사탄을 대표하는 짐승은 상징적인 이름
2) 옛 뱀 : 에덴동산에서 인간을 타락하게 할 때 사용한 사탄의 상징의 이름
3) 마귀 : 헬라어와 한문으로 부르는 사탄의 다른 이름
4) 사탄 : 사탄은 원래 공식적인 이름, 영어로 표기하면서 대표적인 이름이 됨

2. 사탄을 천년 동안 무저갱에 결박하는 이유가 무엇이라고 설명하는가?(3절)

"무저갱에 던져 넣어 잠그고 그 위에 인봉하여 천년이 차도록 다시는 만국을 미혹하지 못하게 하였는데 그 후에는 반드시 잠깐 놓이리라"(3절)

천년 동안은 천년 왕국의 기간과 같은 히브리 문장 병행구조로

이는 문자적인 천년이 아니라 상징적으로 같은 기간이다. 이는 신약 시대의 은혜의 기간 전체를 말하는 하나님께서 역사 속에 개입하신 기간이다. 이 기간 동안 하나님은 십사만 사천과 아무도 셀 수 없는 무리를 구원하는 시간이다. 한편 천년 동안 악의 대장인 사탄을 결박하는 것은 기독교 시대의 구원 받은 자들이 문제없이 선교 활동할 수 있도록 하신 하나님의 깊으신 은혜의 배려이다. 주님의 설명은 사탄이 만국을 미혹하지 못하도록 하기 위한 목적으로 천년 동안 결박한 것이다. 사탄이 이 땅에서 마음껏 활동하면 성도가 정상적으로 생활하기가 힘들기 때문이다. 이 전체 그림의 도표를 참조하면 이해가 빠를 것이다.

[천상의 천년왕국 도표]

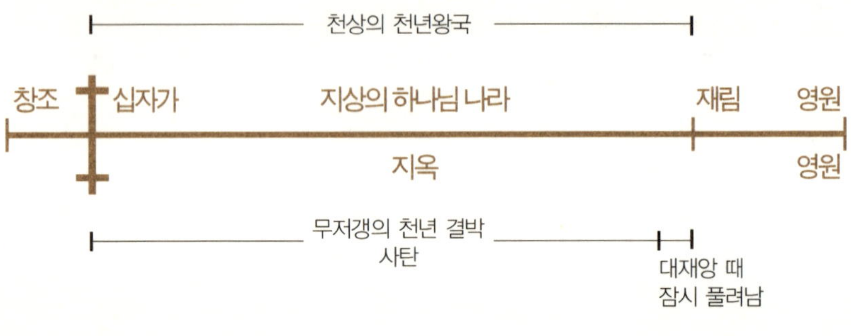

넷째, 그리스도와 더불어 죽은자의 영혼들이 어디서 천년 동안 왕 노릇 한다고 설명하는가?(4-6절)

1. 천년왕국이 지상의 사건인가에 대한 문제를 어떻게 해결하는가?

가장 아이러니한 일은 본문에 지상에서의 천년이라는 표현은 한군데도 없는데 누구인가 지상의 사건으로 해석한 이후 당연하다는 듯이 아무런 의심없이 동일하게 받아들였다. 문제의 발단은 그들이 지상이라고 당연히 생각한 것은 계 20장의 위치의 문제 때문이다. 왜냐하면 18장까지 대재앙이 끝나고 19장에 주님이 재림하고 20장에서 지상의 천년왕국이 시작된다고 전제하는 해석 때문에 일어난 해프닝이다. 이는 해석자들이 히브리 사고의 문장구조를 몰랐기 때문에 일어난 해석상의 커다란 실수이다. 실제로 계시록은 요한이 마지막 시대 교회에게 보내는 편지형식의 설교이기 때문에 이미 내용 자체에 분명하고 충분한 해석을 하고 있다는 점이다. 그렇기 때문에 특별한 사건이 아닌 이상 새로운 해석을 할 필요가 없다. 지상에서의 천년왕국이 아니라면 우리가 어떻게 해석해야 하는가하는 문제이다.

2. 천년 동안 주님과 왕 노릇하는 사람들이 어떤 존재이며 또한 그 장소는 어디라고 설명하는가?(4절)

"또 내가 보좌들을 보니 거기에 앉은 자들이 있어 심판하는 권세를

받았더라 또 내가 보니 예수를 증언함과 하나님의 말씀 때문에 목 베임을 당한 자들의 영혼들과 또 짐승과 그의 우상에게 경배하지 아니한 자들이 살아서 그리스도와 함께 천 년 동안 왕 노릇 하니" (4절)

첫 번째는 저자 요한이 본 것이 천상의 보좌에 앉은 자들이라는 것이다. 먼저 이 문장은 이 땅의 이야기가 아니라 천상의 보좌에 앉은 자들에 관한 것이다. 결국 이 문제는 지상의 사건이 아니라 천상에서의 사건이라는 첫 번째 단서가 된다. 지상의 사건이 아닌 천상의 사건에 대하여 말하고자 하는 본문이다. 두 번째는 천년왕국의 주인공들이 누구인가를 보면 장소의 문제가 해결된다. 물론 이들은 천상의 보좌에 앉아있는 자들이라는 점이다. 이것 또한 이 땅의 사람들에 대한 이야기가 아닌 천상의 보좌에 하나님과 함께 앉아 있어 주님으로부터 심판하는 권세를 받은 자들을 말한다. 이것만으로도 볼 때 이 사건은 지상의 사건이 결코 아니라는 점이다. 또한 "이들은 예수의 증언들과 하나님의 말씀 때문에 목 베임을 당한 자들의 영혼들과"이라고 선언한다. 여기서 그들은 하나님의 말씀 때문에 목 베임을 당해 순교당한 자들의 영혼들이 천상에서 있는 이야기라고 저자 요한이 해석한다.[1] 그렇다고 한다면 천년 동안 주님과 함께 하는 기간이 문자적인 천년이 아니라 천상에서 천년을 보내는 "천상의 천년왕국"이라는 설명이 가능하다.

1) 윌리엄 헨드릭슨은 '요한계시록' 주석에서 천상의 천년왕국에 대하여 저자의 의견과 동일한 주장을 하고 있다. "천년동안 다스림은 순교자들의 육신에서 벗어나온 영혼들이 있는 천상에서 행해진다. 여기서 '죽임을 당한 영혼들을' 언급할 때 육체의 부활에대해 단 한마디의 언급도 없다. 그러므로 천년 동안 왕 노릇하고 다스리는 곳은 하늘에서 행해진다고 안심하고 말해도 좋을 것이다." p. 236.

세 번째는 "또 짐승과 그의 우상에게 경배하지 아니하고 그들의 이마와 손에 그의 표를 받지 아니한 자들이 살아서"라는 말씀 또한 이는 지상의 문제가 아니라 천상의 천년왕국의 문제라는 점이다. '살아서' 라고 말하는 부분도 육체와 함께 영혼이 다시 사는 재림 때의 사건이 아니라 천상에서 영혼들이 살아서 주님과 천상에서 천년 기간을 지내는 것을 말한다. 엄밀히 말하면 천년왕국이라는 말 자체도 지상의 사건의 이미지가 강한 것임을 알 수 있다. 그런 면에서 보면 천년왕국이라는 말조차 비성경적인 해석의 관점에서 왔다는 사실을 인식해야 한다. 그러므로 하나님과 함께 하는 천상의 천년왕국의 문제가 지상의 문제로 둔갑해서 계시록 해석에 혼란을 가져온 것은 너무도 비극적인 사건이 아닐 수 없다.

3. 첫째 부활은 어떤 존재가 부활하는 것이라고 설명하는가?(5절)

"그 나머지 죽은 자들은 그 천 년이 차기까지 살지 못하더라 이는 첫째 부활이라"(5절)

저자 요한이 다시 한 번 강조하는 것이 첫째 부활이다. 첫째 부활은 육체는 땅에 있고 영혼이 살아서 천국에 가 있는 기간이다. 이는 결코 지상 천년왕국이 아니라는 것을 강조하기 위해서 요한이 다시 한 번 더 병행적으로 기록하여 설교를 하고 있는 문장구조이다. 결국 천년왕국은 지상의 문제가 아니고 모두 천상의 문제이다. 천상에서의 천년 동안 그리스도와 더불어 왕 노릇하는 사건이다. 지상에서의 천년왕국이 이뤄지려면 주님의 재림이 있어서 성도들이 부활해야 하는데 여기 말씀에는 전혀 재림에 대한 내용이 없다.

여기서 천년 동안은 천상의 천년왕국의 천년과 무저갱에 결박된 사탄이 그곳에서 지내는 천년과 병행구조로 기록한 같은 기간이다. 천년은 상징적인 시간으로 긴 시간의 기간을 의미하지 문자적으로 천년으로 보면 성경을 잘못 이해한 것이다. 왜냐하면 이 기간이 문자적으로 해석함으로 주님의 재림이후 천년의 기간이 다시 있는 것처럼 보기 때문이다. 만약 그러면 여기 있는 몇 절 때문에 성경의 대역사가 뒤틀어질 수밖에 없기 때문이다.

4. 주님은 첫째 부활에 참여하는 자들은 무엇이 있다고 설명하는가?(6절)

"이 첫째 부활에 참여하는 자들은 복이 있고 거룩하도다 둘째 사망이 그들을 다스리는 권세가 없고 도리어 그들이 하나님과 그리스도의 제사장이 되어 천 년 동안 그리스도와 더불어 왕 노릇 하리라"(6절)

첫째 부활에 참여한 이들은 둘째 사망이 그들을 다스리는 권세가 없다. 여기서 저자 요한이 둘째 사망이 있다고 주장하므로 결국 둘째 부활도 있다는 전제를 하고 있는 자리이다. 그러므로 둘째 부활은 주님의 재림할 때 지금까지 잠들어 있던 성도들이 일제히 부활하는 사건이다. 한편 그들이 하나님과 그리스도의 제사장이 되어 그리스도와 더불어 천년 동안 왕 노릇 한다.

다섯째, 천년의 기간이 되어 누가 세상을 미혹하려고 옥에서 잠시 풀려난다고 설명하는가?(7절)

"천 년이 차매 사탄이 그 옥에서 놓여"(7절)

사탄이 세상을 미혹할 수 있도록 하나님은 그 말씀대로 무저갱의 결박에서 정말 잠시 풀려났다. 그가 세상에 다시 한 번 풀려나는 것은 세상을 마지막 전쟁으로 미혹하기 위한 목적이다. 이는 하나님이 사탄을 이용해서 세상을 심판하시려는 철저한 계획에 대한 섭리적인 역사에 해당한다. 하나님은 어떤 일을 우연히 하시는 일이 전혀 없이 모든 것을 완벽하게 역사하신다.

"나와서 땅의 사방 백성 곧 곡과 마곡을 미혹하고 모아 싸움을 붙이리니 그 수가 바다의 모래 같으니라"(8절)

이 전쟁에 대한 구약의 에스겔 38장에 나오는 병행적으로 예언한 부분과 연결해서 설명해야 한다. 천년 동안 결박된 것에 대한 반발로 사탄은 최후의 발악을 하는 것이 바로 역사의 마지막 전쟁인 계시록에 기록된 아마겟돈이다. 이 전쟁은 사탄과 그의 추종하는 사람들이 세상의 중앙에 거하는 백성인 이스라엘을 치고자 하는 목적으로 시작되었지만 결국은 영적인 전쟁으로 하나님께서 세상을 마지막으로 심판하시는 결과로 마감되는 전쟁이다.

"그들이 지면에 널리 퍼져 성도들의 진과 사랑하시는 성을 두르매

하늘에서 불이 내려와 그들을 태워버리고"(9절)

세상의 마지막 전쟁이 에스겔에는 이스라엘의 예루살렘을 공격하는 것으로 기록한 반면 계시록에서는 '성도들의 진' 이라는 문구가 하나 더 삽입되어 설명하고 있다. 여기서 '성도들의 진' 은 신약 시대의 성도들이 하나님을 섬기는 교회로 보는 것이 자연스럽다. 그렇다고 한다면 구약의 배경인 세상 중앙에 거하는 백성인 예루살렘을 공격하고 신약의 배경인 성도들의 진인 교회를 공격한다면 이는 바로 영적 전쟁에 해당한다고 볼 수 있다. 그러므로 세상의 마지막 전쟁은 사탄이 하나님의 백성들을 공격하는 것이지만 하늘에서 불이 내려와 하나님이 직접 사탄과 그의 세력들을 영원한 심판의 불 못으로 잡아 던지는 것으로 종결되는 전쟁이라고 보면 된다.

"또 그들을 미혹하는 마귀가 불과 유황 못에 던져지니 거기는 그 짐승과 거짓 선지자도 있어 세세토록 밤낮 괴로움을 받으리라"(10절)

하나님은 그들을 미혹하던 사탄과 그의 추종 세력들을 불과 유황 못에 던져 버린다. 그런데 거기는 먼저 가있는 그 짐승과 거짓 선지자도 있어 세세토록 영원한 고통과 괴로움이 있는 장소이다(19:20). 이곳은 영원한 지옥으로 영원히 죽지 않고 영원히 고통만 있는 유황 불 못이라고 표현되어 있다. 우리가 지옥이라고 할 때 보편적으로 예수 믿지 않은 자들의 영혼들이 가는 장소이면서 영원한 멸망이 있는 유황 불 못으로 표현된 것은 모두 동일한 장소이면서 병행적으로 이중적인 설명을 하고 있는 것으로 보면 된다. 정말 이곳은 하나님을 믿지 않는 사람들이 마지막으로 가는 곳이기도 하다.

여섯째, 주님의 재림으로 어떤 심판이 있다고 설명하는가?(11-15절)

1. 흰 보좌와 그 위에 앉으신 주님이 무엇하는 장면을 설명하는가?(11절)

"또 내가 크고 흰 보좌와 그 위에 앉으신 이를 보니 땅과 하늘이 그 앞에서 피하여 간 데 없더라"(11절)

계시록에 주님의 재림이 구체적으로 나오는 곳이 바로 여기가 백 보좌 심판을 언급하는 곳으로 이미 주님의 재림이 있고 심판이 시작되는 장면이다. 이는 바로 천상의 천년왕국이 끝나는 것과 동시에 백 보좌 심판이 시작되고 있다. 주님의 심판이 시작되기 전에 일어난 세상의 변화에 대한 단서가 몇 가지 등장한다. 그 중 하나가 하늘과 땅이 심판의 보좌 앞에서 **'피하여'**(φεύγω)라는 단어가 21:1의 처음 땅과 처음 하늘이 **'없어졌고'**(ἀπέρχομαι)라는 단어와 병행되는 동의어이다. 여기서 하늘과 땅이 '피하여' 라는 헬라어 '퓨고'(φεύγω)는 하나님이 만드신 처음 하늘과 처음 땅이 우리의 시야에서 완전히 사라지는 단어이다. 다시 말해서 주님이 세상을 창조하실 때 무에서 유를 만드셨다면, 이 단어는 유에서 무로 다시 완전하게 처음 하늘과 처음 땅이 사라지는 개념을 포함하는 창조의 단어이다. 이는 주님께서 불완전한 이 땅을 에덴동산처럼 완전한 땅과 하늘로 회복시키는 개념이 아니라 완전히 없애 버리는 새로운 개념으로 이해하면 된다. 혹시 하늘과 땅을 갱신시키는 정도의 해석을 하는 사람들의 의식 속에는 자신도 모르는 사이에 지상의 천년왕국의 개념이 자리 잡고 있다는 것을 알아야 한다. 그러므로 이 단어는 갱신이 아니라 완전하게 옛 것들을 유에서 무로 만드는 새 창조의 개념이 포함되어 있다.

2. 천상의 영혼들이 보좌 앞에 펴 있는 두 권의 책 앞에 무엇을 받기 위해 기다린다고 설명하는가?(12절)

"또 내가 보니 죽은 자들이 큰 자나 작은 자나 그 보좌 앞에 서 있는데 책들이 펴 있고 또 다른 책이 펴졌으니 곧 생명책이라 죽은 자들이 자기 행위를 따라 책들에 기록된 대로 심판을 받으니"(12절)

두 권의 책이 그리스도의 심판대 위에 있다. 한 권은 심판의 책이고 나머지 한 권은 생명책에 해당한다. 심판의 책은 그 행위대로 영원한 유황 불이 있는 지옥에 보내기 위한 각 사람들의 일생의 죄들이 기록된 책이다. 이 책에는 그들이 행한 선행은 기록되어 있지 않고 그들이 이 땅에서 행한 모든 죄들이 기록된 책이다. 그 누구도 여기서 자유로운 사람은 없다. 혹시 이단의 집단에 속았다고 해도 핑계할 수 있는 그 어떤 것도 용납될 수 없고 그 죄상들이 낱낱이 기록되어 있다. 지금 이 책을 읽고 있는 이때야 말로 우리가 유일하게 회개할 수 있는 기회일 것이다. 또 하나는 우리에게 주실 상급이 기록되어 있는 생명책이다. 그 기록되어 있는 대로 심판을 받고 또한 상급을 받을 것이다.

백 보좌 심판대 앞에서 죽은 자들이 한명 한명씩 심판과 상급을 받는다고 선포하고 있다.

3. 주님의 백보좌 심판대의 사건과 동시에 일어나는 누구의 육체적 부활 문제에 대하여 설명하는가?(13절)

"바다가 그 가운데에서 죽은 자들을 내주고 또 사망과 음부도 그 가운데서 죽은 자들을 내주매 각 사람이 자기의 행한대로 심판을 받고"(13절)

우리가 죽은 자가 어떻게 육체적으로 부활하는지에 대하여 설명해주는 본문이다. 이는 바다가 그 가운데서 죽은 자들을 내준다는 의미는 무엇인지에 대하여 설명해 주는 구절이다. 또한 사망과 음부도 그 가운데서 죽은 자들을 내주어야 한다고 선포하는 내용이다. 그러면 바다와 사망과 음부도 그 가운데 죽은 자들을 내주어야 하는 문제는 두 가지의 문제가 해결된다. 먼저 바다가 그 가운데서 죽은 자들을 '내주는' 문제가 헬라어로 '디도미'(δίδωμι)인데 이는 '바다와 땅이 죽은 자의 육체를 삼키고 있었다면 이제 모두 도로 토해내어야 한다'는 말이다.

이때 일어난 부활은 영원히 유황의 불 못에 보내기 위한 육체와 영혼이 부활체로 합쳐지는 순간에 불과하고 그 후에는 영원한 불의 심판의 처소로 보내진다. 이때 사망과 음부도 불 못에 던져지는데 이것이 둘째 사망이라고 선언하시고 있다. 물론 천국에 있던 영혼도 육체와 함께 만나 부활체가 되어 영원한 천국의 시민이 되는 것도 이때 일어나는 일이다. 누구든지 생명책에 기록되지 못한 자는 '불 못'(πρόφασις)에 던져진다고 선포하셨다. 오로지 기회는 이 땅에 있을 뿐이지 그 후에는 전혀 바꿀 수 없다.

| 제21장 |

새 예루살렘 천국에 대한 설명

첫째, 새 하늘과 새 땅은 어떻게 만들어 진다고 설명하는가?(1절)

"또 내가 새 하늘과 새 땅을 보니 처음 하늘과 처음 땅이 없어졌고 바다도 다시 있지 않더라"(1절)

새 하늘과 새 땅이 어떤 모습인지는 헬라어 원어부터 살펴보는 것이 그 정상적인 순서이다. 먼저 '새 하늘과 새 땅' 이라고 쓰고 있는 '새' 는 헬라어로 '카이노스' 인데 이 단어는 "무에서 유를 만드는 창조하다" 는 뜻을 가진다. 이 단어가 병행적으로 쓰이는 이사야 65장 17절에 "내가 새 하늘과 새 땅을 창조하나니" 에 보면 창조(ברא)라는 단어와 같은 의미로 사용되는 것을 볼 수 있다. 이 단어는 창세기 1장 1절의 천지를 창조하실 때의 단어로 이는 무에서 유를 만들어 내는 창조의 단어이다. 그렇다고 한다면 새 하늘과 새 땅은 처음 땅과 처음 하늘을 갱신하는 정도의 리모델링하는 수준이 아니라 전혀 새로운 천국을 창조하는 작업이라는 점이다. 하나님께서 새롭게 만드시는 새 하늘과 새 땅은 이전에 만들었던 것이 불안했다면 정말 완전한 새 창조를 하시는 것이다.

둘째, 거룩한 성 새 예루살렘이 하나님께로부터 어디에서 내려온다고 설명하는가? (2-8절)

"또 내가 보매 거룩한 성 새 예루살렘이 하나님께로부터 하늘에서 내려오니 그 준비한 것이 신부가 남편을 위하여 단장한 것 같더라" (2절)

셋째, 새 예루살렘은 영원한 천국이라는 설명(9-27절)

1. 주님은 요한에게 어린양의 신부인 누구를 보여준다고 설명하는가?(9절)

"일곱 대접을 가지고 마지막 일곱 재앙을 담은 일곱 천사 중 하나가 나아와서 내게 말하여 이르되 이리 오라 내가 신부(A) 곧 어린 양의 아내(A')를 네게 보이리라 하고"(9절)

주님은 처음으로 A와 A' 의 병행을 통해서 아주 놀라운 사실을 유추할 수 있도록 다음과 같은 내용을 포함하여 설명하고 있다. 주님은 처음으로 '어린양의 신부' 는 곧 '어린양의 아내' 라고 설명하는 부분이다. 그 이유는 지금까지는 어린양의 신부라고 소개한 것은 아직 혼인예식을 하지 않았기 때문에 가지는 호칭이었다면 이제부터 아내라고 소개하는 것은 이미 결혼식이 마쳤다는 사실을 전제하는 설명이기 때문이다. 이렇듯 어린양의 신부는 이제부터 아내라고 부른다는 주님의 선포하는 자리이기 때문에 대단히 중요한 호칭이 된다. 앞에서 설명을 한 것처럼 어린양의 혼인 기약에 대한 언급도 하고 어린양의 신부가 준비되었다는 사실도 선포하면서 정작 혼인예식 자체가 나오지 않은 것은 바로 천국에 입성하는 것이 결혼예식과 같은 의미를 갖는다는 저자의 주장이 더 설득력이 있다는 사실이다. 그것은 호칭의 변화에서 이미 결혼예식이 끝난 것을 전제하고 있기 때문이다. 따라서 호칭의 변화는 정말 중요한 의미를 가진다는 점이다.

2. 큰 성은 열두 문이 있는데 그 문들 위에 이름을 썼으니 이스라엘 자손 열두 지파의 이름이 어린양의 무엇이라고 설명하는가?(12절)

"크고 높은 성곽이 있고 열두 문이 있는데 문에 열 두 천사가 있고 그 문들 위에 이름을 썼으니 이스라엘 자손 열두 지파의 이름들이라"(12절)

3. 성의 성곽에는 열두 기초석이 있고 그 위에는 어린양의 열두 사도의 이름들이 두 번째 어린양의 무엇이라고 설명하는가?(14절)

"그 성의 성곽에는 열두 기초석이 있고 그 위에는 어린양의 열두 사도(A)의 열두 이름(A')이 있더라"

넷째, 새 예루살렘의 정육면체 구조(15-21절)

1. 영원한 천국인 새 예루살렘의 구조는 어떻게 생겼다고 설명하는가?(16절)

"그 성은 네모가 반듯하여 길이와 너비가 같은지라 그 갈대 자로 그 성을 측량하니 만 이천 스타디온이요 길이와 너비와 높이가 같더라"(16절)

천국의 모형이 어떤지에 대하여 저자 요한은 구체적으로 설명하고 있는데 그 성은 네모가 반듯하다고 했다. 그 성은 길이와 넓이와 높이가 같은 일만 이천 스타디온의 정육면체 구조이다. 저자 요한이 천국의 구조를 설명하는 새 예루살렘의 정육면체의 구조는 어떤 의미가 있는지에 대하여 설명하고자 한다. 성경에 정육면체는 이 땅에서 가장 완전한 구조로 하나님의 임재가 있는 모든 곳의 구조이다. 예를 들면 이 땅에 하나님이 임재하시는 유일한 공간이 성막 안의 지성소이다(왕하6:20). 하나님이 이 땅에 계신다고 약속하신 한 곳이 지성소인데 그 규모로 길이가 이십 규빗이요, 그 넓이가 이십 규빗이요, 그 높이가 이십 규빗이라고 했다. 이는 완전한 정육면체 구조로 천국이 이와 같이 일만이천 스타디온의 정육면체 구조이다.

2. 천국 성곽의 열두 기초석은 무엇으로 장식되었다고 설명하는가?(19-20절)

"그 성의 성곽의 기초석은 각색 보석으로 꾸몄는데 첫째 기초석은 벽옥이요 둘째는 남보석이요 셋째는 옥수요 넷째는 녹보석이요 다섯째는 홍마노요 여섯째는 홍보석이요 일곱째는 황옥이요 여덟째는 녹옥이요 아홉째는 담황옥이요 열째는 비취옥이요 열한째는 청옥이요 열두째는 자수정이라"(19-20절)

이 보석들은 구약의 대제사장이 입은 에봇에 붙인 열두 보석과 동의적으로 병행되는 내용이다(출28:17-20). 물론 몇 가지 보석의 차이는 있지만 그 의미는 거의 동일한 것을 볼 수 있다. 결국 주님은 하늘의 보석이 이 땅의 대제사장의 모습에서 반영되고 있다는 사실을 병행적 문장을 통해서 보여 주고자 한다는 점이다. 혹시 보석에서 어떤 깊은 의미를 설명하고자 하는 시도는 결코 지양하는 것이 좋다고 생각한다. 이런 영적인 해석의 방법이 계시록을 더욱 혼미하게 만들게 되기 때문이다. 단지 천국의 모습이 인간이 보기에 가장 값지게 생각하는 보석으로 되어 있다는 기대만으로도 충분하기 때문이다.

3. 열두 문은 열두 개의 무엇으로 만들어 졌다고 설명하는가?(21절)

"그 열두 문은 열두 진주니 각 문마다 한 개의 진주로 되어 있고 성의 길은 맑은 유리 같은 정금이더라"(21절)

다섯째, 거룩한 성의 상급의 주인공들은 누구인가?(24-27절)

1. 천국의 주인공들이 무엇을 가지고 간다고 설명하는가?(24절)

"만국이 그 빛 가운데로 다니고 땅의 왕들이 자기 영광을 가지고 그리로 들어가리라"(24절)

2. 사람들이 어디에서 자기의 영광과 존귀를 가지고 들어간다고 설명하는가?(24절)

"사람들이 만국의 영광과 존귀를 가지고 그리로 들어가겠고"(24절)

땅의 왕들이 자기 영광을 가지고 천국에 들어가는 사건을 소개하고 있다. 사람이 이 땅에서 무엇인가 가지고 천국에 갈 수 있다면 그것은 유일하게 본문에서 말하는 자기의 영광을 가지고 갈 것이다. 여기서 과연 자기의 영광이 무엇인지를 정확히 알 수는 없다. 하지만 이 말씀에서 힌트는 찾을 수 있는데 사람들이 '만국의 영광과 존귀를 가지고' 라는 병행구에서 찾을 수 있다. 그것은 만국에서 얻은 영광이라는 점과 존귀라는 두 가지의 것이다.

3. 새 예루살렘은 오직 어디에 기록된 자들만 들어간다고 선언하는가?(27절)

"무엇이든지 속된 것이나 가증한 일 또는 거짓말하는 자는 결코 그리로 들어가지 못하되 오직 어린양의 생명책에 기록된 자들만 들어가리라"(27절)

여섯째, 천국에 들어간 사람들이 그곳에서 무엇을 한다고 설명하는가? (22:1-5)

"다시 저주가 없으며 하나님과 그 어린양의 보좌가 그 가운데에 있으리니 그의 종들이 그를 섬기며 그의 얼굴을 볼 터이요 그의 이름도 그들의 이마에 있으리라 다시 밤이 없겠고 등불과 햇빛이 쓸 데 없으니 이는 주 하나님이 그들에게 비치심이라 그들이 세세토록 왕 노릇 하리로다"(3-5절)

| 제22장 |

주님의 마지막 종말지향적인 삶의 촉구 메시지

첫째, 주님의 첫 번째 메시지는 무엇인가? (7절)

"보라 내가 속히 오리니 이 두루마리의 예언의 말씀을 지키는 자는 복이 있으리라 하더라"(7절)

이 예언의 말씀을 지키는 자는 복이 있다고 선언하신다. 주님은 이 예언의 말씀을 지키는 자를 위해서 속히 오신다고 설교하시는 내용이다.

둘째, 주님의 두 번째 메시지는 무엇인가? (12절)

"보라 내가 속히 오리니 내가 줄 상이 내게 있어 각 사람에게 그가 행한 대로 갚아 주리라"(12절)

두 번째 주님이 속히 오신다고 말씀하시는 이유가 내가 줄 상 곧 상급이 있어 각 사람의 행한 대로 갚아 주리라고 말씀하셨다. 주님이 오시는 이유는 악한 자에게는 악에 대한 심판을 위해서 오신다면 선한 자들에게 그가 행한 대로 상급을 주시기 위해서 오신다고 선언하신다.

셋째, 주님의 세 번째 마지막 메시지도 무엇인가? (20절)

"이것들을 증언하신 이가 이르시되 내가 진실로 속히 오리라 하시거늘 아멘 주 예수여 오시옵소서"(20절)

주님이 종말지향적인 삶을 마지막 시대를 살아가는 사람들에게 세 번 촉구하는 자리이다. 계시록의 마지막 메시지는 우리에게 종말지향적인 삶을 살 것을 촉구하는 내용이 결론이다. 따라서 종말지향적인 삶을 추구하는 것이 우리가 가질 삶의 가장 이상적인 태도이다. 만약 종말지향적인 삶을 살지 아니하면 우리의 신앙의 긴장이 떨어져 실패의 삶을 살아갈 가능성이 무척 큰 것이 사실이다.

초대 교회부터 종교개혁 전까지는 모든 교회가 예배를 마칠 때에 고백했던 신앙고백은 "아멘 마라나타!" 였다. 물론 천주교도 이런 고백이 좋은 전통으로 계속되었다. 하지만 종교개혁자 루터가 천주교의 의례적인 모든 것을 배제하면서 정말 빼지 말아야 할 종말지향적인 신앙고백의 좋은 전통을 제거했다. 그때부터 교회는 종말지향적인 관심이 약화되었다. 저자가 터키 이스탄불에서 계시록을 강의하면서 그곳에서 사역하는 선교사로부터 아주 놀라운 이야기를 들었다.[2] 그것은 그가 터키에서 아르메니아의 나이 지긋한 할머니에게 기도해줄 기회가 있었다고 한다. 그 선교사가 기도를 마치자마자 그 여자 분이 다음과 같이 터키말로 신앙고백을 했다고 한다. 그 고백의 내용은 다음과 같다.

"주님은 반드시 오십니다. 주님은 빨리 오십니다. 주님 속히 오시옵소서!"

넷째, 계시록은 무엇으로 끝내고 있는가?(21절)

"주 예수의 은혜가 모든 자들에게 있을지어다 아멘"(21절)

계시록은 목회자가 읽어주는 예언의 말씀을 듣고 있다가 마지막 부분에 가면 말씀화답이 계속되다가 마지막으로 목회자가 축도를 하면 모든 회중은 아멘으로 화답하면서 예배가 끝난다. 그리고 모든 성도들은 계시록의 말씀을 따라 종말지향적인 삶으로 순종하면서 삶에서 축복을 받으면 된다. 주일 하루의 예배에서 받은 축복의 말씀을 6일 동안 지킴의 예배로서 축복의 삶을 사는 것에 대한 요청이 계시록을 우리에게 주신 목적이다.

2) 이것은 터키 이스탄불 한인교회를 담임하면서 선교사로 사역하는 박경환 목사로부터 직접들은 내용이다.

요한은 계시록을 마감하면서 "이것들을 증거하신 이가 가라사대 내가 진실로 속히 오리라"고 예언의 말씀에 자신이 속히 오신다는 종말지향적인 삶을 살라는 선언을 하신다. 이 계시록의 말씀을 듣는 모든 성도들에게 주님은 자신이 진실로 속히 오겠다고 마감 인사를 하고 있다. 여기서 진실로는 헬라어 나이(ναί)인데 이 말은 아멘과 동의어이다. 주님은 "내가 진실로 속히 오리라"는 예수 자신이 종말을 마감하기 위하여 곧 오시겠다는 엄숙한 약속의 선언인데, 이 약속은 2장16절, 3장 11절, 16장 15절, 22장 7절, 22장 12절에 동일한 말씀으로 강조하고 있다. 이는 계시록에 예배의 마지막 부분에 송영 선언하는 예수 자신이 속히 오겠다고 약속하고 있는 것이 특징이다. 우리는 다시 한번 마지막 시대에 살아가는 인간의 모든 수고가 주님이 다시 오심이 아니면 아무런 가치가 없다는 사실을 자각해야 한다. 또한 예수의 재림은 우리가 주님의 높아진 주권(Sovereignty)이 절대적으로 반영되는 기원선언의 자리임을 자각해야 한다.

"아멘! 주 예수여 오시옵소서" 이 구절은 엄밀하게 말해서 기도문이 아니라 대화의 일부로서 앞에 나온 송영선언에 대한 신앙고백적인 회중들의 응답이다. 이 문장은 헬라어 현재 명령형으로 쓰여 있는데, 이는 청중들의 신앙고백이 강렬한 감정이 담겨져 강조되는 상황들에서만 사용되었다(Bakker, Imperative, p.82-83). 요한계시록 22:20절에서 명령형 '에르코마이'(ἔρχομαι)는 속히 오시겠다는 그리스도의 약속에 대한 예배 상황에서의 화답으로 사용된 것으로 아마도 청중들의 간절한 신앙고백적인 심정을 표현하기 위한 문장의 구조이다. 사도 요한은 예배의 청중들이 그리스도께 그분의 약속을 지키겠다는 감정적 고백을 담은 의지적 결단으로 현재 명령형 문장으로 사용하고 있다. 이 구절 전체는 "그렇습니다. 나는 주님 속히 오실 줄 믿습니다"라고 말할 수 있다. 우리는 지금부터라도 이미 사도 요한에 의하여 해석해서 설교 형식으로 보내진 편지를 가지고 또 다시 해석한다는 영적으로 알레고리칼한 방법으로 지난 2,000년의 혼란을 가중시키는 일은 그만해야 한다. 그리고 성도 각자는 개인적으로 계시록을 예배의 마음으로 읽고 주님의 재림을 기다리고 고백하는 축복의 책으로 만들어야할 마지막 때의 사명이 있다.

[결론]

첫째, 계시록 마지막 주님의 권면은 종말지향적인 삶의 촉구이다.(계22장)

둘째, 계시록 마지막 주님의 권면은 선교지향적인 삶의 촉구이다.(계21장)

셋째, 계시록 마지막 주님의 권면은 신부지향적인 삶의 촉구이다.(계21장)

넷째, 계시록 마지막 주님의 권면은 예배지향적인 삶의 촉구이다.(계21장)

[아무도 셀 수 없는 큰 무리의 천국과 요12:13절과 천국입성식 병행구조]

계 시 록	요 한 복 음
A 셀 수 없는 큰 무리	A' 예루살렘 입성을 맞이하는 큰 무리
B 흰 옷을 입고	B' 옷을 벗어 길에 깔고
C 손에 종려가지를 들고 찬양(10절)	C' 손에 종려가지를 흔들면서 환영
D 보좌 앞 어린양 앞에 서서	D' 예수 그리스도의 입성하는 앞에서
E 큰 소리로 구원하심의 찬양	E' 큰 소리로 호산나(여호와여 구원하소서) 외침
F 모든 피조물의 경배	F' 환영하는 사람들의 경배
G 천국에서의 영원한 찬양	G' 모든 사람들이 흩어짐

[나팔부는 재앙과 대접쏟는 재앙 도표]

	나팔부는 재앙A	대접 쏘는 재앙A′
1	피 섞인 우박과 불이 땅에 쏟아짐(8:7)	그 대접을 땅에 쏟음(16:2)
2	불 붙는 큰 산과 같은 것이 바다에 던져짐(8:8)	그 대접을 바다에 쏟음(16:3)
3	큰 별이 하늘에서 강과 물샘에 떨어짐(8:10)	그 대접을 강과 물 근원에 쏟음(16:4)
4	해, 달, 별의 삼분의 일이 타격을 받아 어두어 심 (8:12)	그 대접을 해에 쏟음(16:8)
5	황충이 무저갱에서 나옴(8:2-3)	그 대접을 짐승의 보좌에 쏟음(16:10)
6	큰 강 유브라데에 결박한 네 천사가 나와 전쟁을 일으킴(8:12-14)	그 대접을 큰 강 뷰브라데에 쏟음(16:12)
7	하나님의 성전이 열리며 동시에 번개와 우레가 지진과 큰 우박이 있음(11:19)	그 대접을 쏟으매 번개와 우레 소리가 큰 지진과 큰 우박의 재앙(16:18-21)